Papua Berdarah

Kesaksian seorang fotografer di Papua Barat yang lebih dari 30 tahun

Oleh

PETER BANG

Peter Bang: PAPUA BERDARAH
- Kesaksian seorang fotografer di Papua Barat yang lebih dari 30 tahun
Hak cipta © Peter Bang & Remote Frontlines, Copenhagen, Denmark 2018
Mencetak oleh BoD, Norderstedt, Jerman

ISBN 978-87-4300-142-3

Sampul: Gunung-gunung di Papua Barat / foto oleh Peter Bang
Foto: Fotografer tidak diketahui: h. 4 dan 119.
Foto penulis yang diambil oleh kawan orang Papua Barat.
Foto lain, petah dan tata letak oleh Peter Bang.

Untuk saudara-saudariku orang pribumi

Daftar Isi

Orang Papua Barat sedang memegang plakat dan menyeruhkan bantuan Perserikatan Bangsa-Bangsa (PBB) setelah Indonesia menginvasi Papua Barat tahun 1962. Tahun 1969 terjadi perlawanan terhadap aturan Pemerintah Indonesia. Militer Indonesia membunuh dan memenjarahkan ribuan orang Papua Barat selama 7 tahun (1962-1969) saat mereka menduduki Tanah Papua – namun dalam kondisi ini orang Papua Barat seharusnya menggunakan hak mereka untuk menentukan nasib sendiri (self determinatiaons). Hal itu sebenarnya disepakati bahwa PBB mestinya mengawasi pemungutan suara umum (referendum) dari orang Papua Barat, yang mana mereka memberikan dua pilihan: untuk tinggal dan menjadi bagian dari Indonesia atau menjadi merdeka sebagai sebuah bangsa. Pemilihan ini seharunya disebut tindakan pilihan bebas (Act of Free Choice), 'tetapi ternyata tindakan itu menjadi sebuah tindakan kepalsuan – ahli-ahli mengawasi proses referendum yang adil dan bebas, tetapi PBB berdiri sementara Indonesia melakukan tindakan kecurangan suara. Dimana waktu itu mereka juga mendeklarasikan bahwa orang-orang Papua Barat sangat primitif untuk menghadapi demokrasi, sehingga pemilihan diwakilkan oleh 1,026 orang Papua Barat dari satu juta jiwa penduduk Papua Barat. Mereka yang diwakilkan juga setelah ada suap dan ancaman dari militer Indonesia bahwa jika pilihannya salah maka akan dibunuh beserta keluarganya. Dengan kekuatan intimidasi militer itu, 1.026 suara orang Papua Barat jadi kuat untuk menjadi bagian Indonesia. Meskipun protes dari orang Papua Barat, laporan yang sangat kritis oleh pejabat PBB dan termasuk kecaman dari media internasional terus dilakukan, namun hasilnya tetap tidak berubah, Papua Barat masih dibawah kontrol Pemerintah Indonesia. Dengan demikian orang Papua Barat saat ini dijuluki dengan kisah "tindakan tanpa pilihan". (Act of No Choice).

4

"Rakyatku di Papua Barat sedang menderita, ratusan ribu orang telah dibunuh, diperkosa dan disiksa. Semua yang kami mau adalah hidup tanpa ketakutan dan kami menginginkan Papua Barat menjadi sebuah negara merdeka yang bebas."

Benny Wenda, pemimpin kemerdekaan Papua Barat.

Manokwari
Sorong
Biak
Jayapura
Sentani
Fakfak
Nabire
WEST PAPUA
Wamena
Angguruk
Timika
Agats
Merauke
Scale: 300 km
WEST
PAPUA
PAPUA
NEW GUINEA

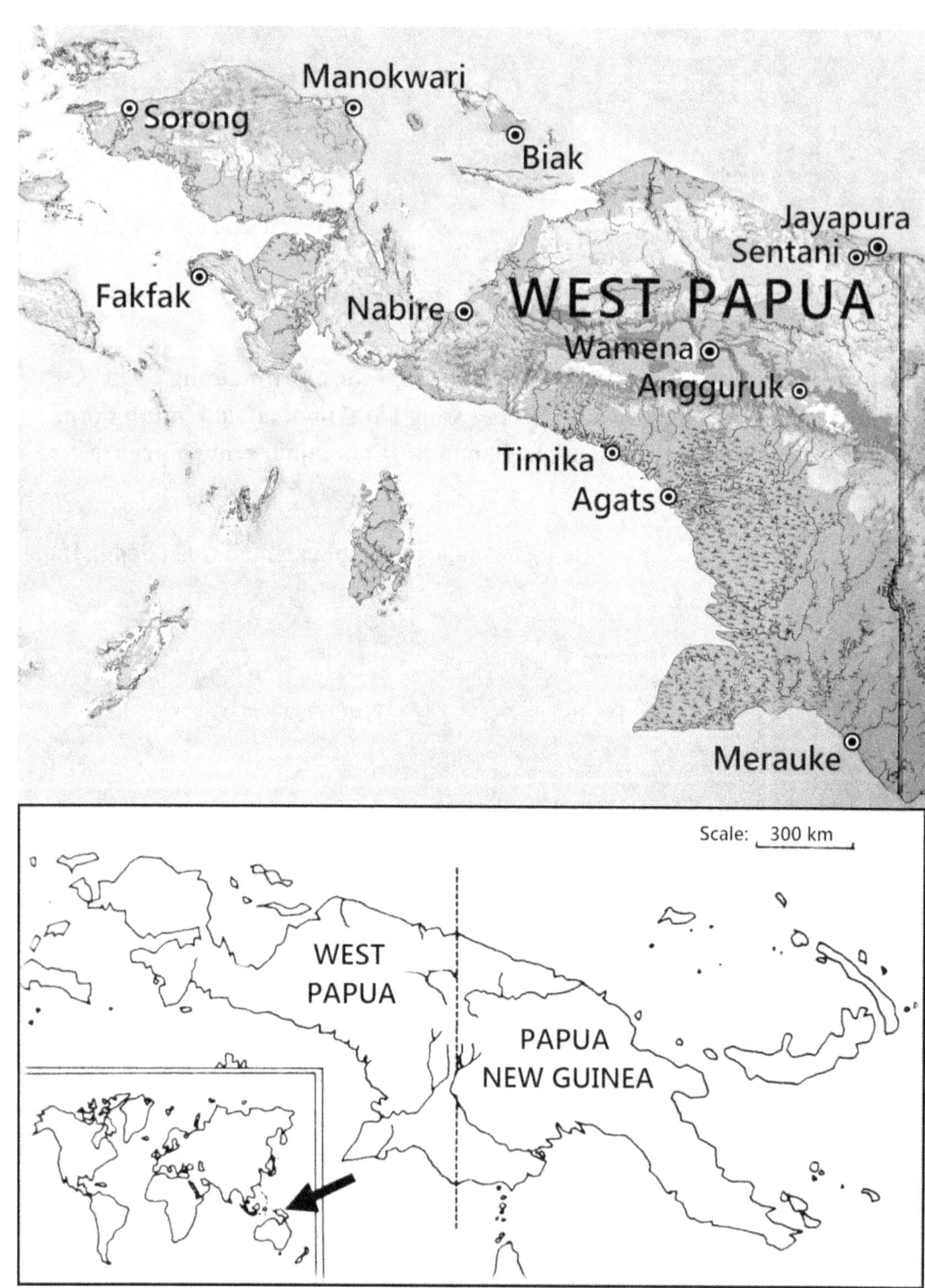

6

Prakata

Pada tahun 1526-27, penjelajah Portugis Jorge de Menezes secara kebetulan datang ke pulau terbesar kedua di dunia yang diberi nama Papua, yang mana dalam bahasa Melayu disebut *pepuah* untuk orang-orang Melanesia yang berambut keriting.

Papua mengacu pada setengah bagian barat dari Pulau New Guinea dan pulau-pulau kecil di bagian barat. Daerah ini telah memiliki nama resmi seperti New Guinea dari Kerajaan Belanda (1895-1961), New Guinea Barat (1962-63) Irian Barat (1963-73), Irian Jaya (1973-2001), dan Papua (2002-2003). Pada tahun 2003 Pemerintah Indonesia membagi pulau Papua menjadi dua provinsi: provinsi Papua Barat dibagian barat dan provinsi Papua di bagian timur.Pejabat Indonesia merujuk ke provinsi ketika yang mereka menyebutnya "Papua Barat"; Papua artinya keseluruhan dari bagian barat pulau New Guinea, oleh karena itu untuk mendukung dan menghargai warga pribumi mendapatkan hak penentuan nasib sendiri di Papua, sehingga nama Papua Barat (bahasa Inggris *West Papua*) digunakan dalam buku ini.

Perjalanan yang digambarkan dalam buku ini tidak akan perna mungkin terjadi tanpa bantuan orang lokal yang penuh sabar, ramah, berani, memiliki komitment dan keterbukaan orang Papua Barat terhadap orang asing. Terima kasih kepada sahabat-sahabat orang pribumi Papua Barat dan keluarga angkat. Ini adalah mereka yang menjadikan perjalanan buku ini menjadi mungkin seperti saat ini.

Dan juga saya menyampaikan terima kasih kepada saudaraku dari Papua Barat "Nagot" yang luar biasa dan sangat membantu untuk menerjemahkan buku ini ke dalam bahasa Indonesia.

Wa wa wa Nagor wa!

Peter Bang

Dibalik Gunung-gunung

Saat pertama kali saya tiba di New Guinea, saya berdiri di atas dek kapal di pagi hari dan dari bagian kanan kapal saya menyaksikan pulau yang muncul dari lautan yang ditutupi kabut. Saat itu, bersama pacar saya melakukan perjalanan selama enam bulan ke Asia dan tujuan sekarang masuk daerah pegunungan di New Guinea, dimana tempat yang akan saya mencoba untuk mengumpulkan deretan materi dari beberapa cerita tentang orang pribumi terakhir di bumi yang masih menjalani kehidupan tradisionalnya.

Perjalanan kapal yang melewati sejumlah kepulauan Indonesia itu penumpangnya berbeda-beda, ada yang dari Sumatera sampai Jawa, ada pula dari Kalimantan hingga Sulawesi, Maluku dan New Guinea, sementara perjalanan itu cukup menyita waktu. Beberapa bulan sebelumnya saya jatuh di tangga-tangga di Singapura yang mengakibatkan sedikit terganggu di pergelangan kaki saya, tetapi dengan perjalanan panjang memberikan saya cukup waktu untuk beristirahat dan mengalami pemulihan yang baik.

Saya berdiri di pagar kapal itu dan menyaksikan hutan rimba yang diselimuti tepian pantai berliku-liku dan gunung-gunung liar yang diselimuti hijauhnya lipatan awan yang tergantung rendah. Waktu itu lautnya bersih berwarna kebiru-biruhan dan kami menemukan sendiri katulistiwa di sebelah selatan menuju sorong, yang mana pelabuhan terakhir dalam perjalanan, selanjutnya kami menuju Port Numbay/Jayapura (nama lama dari Holandia). Di malam hari kami berlayar ke arah utara sekitar kepulauan Raja Ampat bagian barat laut kepala burung, dimana semenanjung besar di bagian barat di New Guinea. Ikan terbang dalam jumlah besar, melompot dan mengapung di depan haluan kapal dan melayang rendah di atas gelombang sambil memercik air dan bermain dengan ikan Lumba-Lumba, sementara ikan Paus bermigrasi lebih jauh ke laut. Sedangkan pelayaran kami seperti di Amazon dan di bawah laut berisi keanekaragaman hayati yang paling tinggi di planet ini.

Waktu itu, pengetahuan saya mengenai perkembangan dunia yang ada dibalik gunung sangat terbatas karena pada tahun 1986 internet tidak tersedia seperti saat ini, sehingga informasi mengenai perkembagan itu sangat tergantung pada artikel-

artikel, film dan sejumlah buku, terutama informasih yang mengacu pada suku-suku primitif yang hidup pada zaman batu.

Setelah beberapa hari kemudian kami menghabiskan waktu banyak berbicara dengan salah satu misionaris asal Australia dengan istrinya yang bekerja di pusat misi di pegunungan tengah Papua bagian barat daerah Lembah Balim, sementara kami bercerita penumpang lainnya tetap di kapal. Ada sekitar 1,200 orang miskin Indonesia dari pulau Jawa dalam kapal itu yang menuju Papua bagian barat dalam program transmigrasi yang dicanangkan Pemerintah Indonosia.

Misisonaris Australia memberi kami nasihat yang baik dan kontak terhadap orang-orang yang mereka kenal di pegunungan tengah Papua, tetapi juga mereka berbicara sedikit tentang situasi politik di daerah ini yang waktu itu memang saya tidak tahu sama sekali. Ketika mereka tahu kami bertujuan pergi ke daerah suku Yali, mereka percaya bahwa kami tidak akan mendapatkan izin masuk daerah tersebut. Mereka sampaikan bahwa Polisi Indonesia akan sangat ekstra ketat tentang siapa yang mereka izinkan untuk melakukan perjalanan ke daerah itu, karena sebelumnya kurang dari dua tahun ada sejumlah demonstrasi yang dilakukan oleh orang Papua Barat yang memintah merdeka, sehingga ribuan orang Papua Barat mengungsi ke Papua New Guinea melalui perbatasan untuk bersembunyi dari pembantaian masal yang dilakukan oleh militer Indonesia.

Pulau New Guinea talah dibagi menjadi dua, bagian timur adalah Papua New Guinea yang merdeka tahun 1975 setelah dibawah kekuasaan Australia, sementara bagian barat sebelumnya adalah bagian koloni Belanda, tetapi pada tahun 1963 Indonesia mengambil alih dengan persetujuan PBB yang tidak sesuai harapan penduduk asli Papua Barat.

Sejak awal dalam jumlah besar Pemerintah Indonesia telah mengirim polisi dan militer ke Papua Barat dengan tujuan melindungi sumber daya alam, seperti emas, minyak, kayu di hutan rimba demi kepentingan ekonomi Indonesia, karena persediaan di banyak tempat mulai mengurang. Terlepas dari itu, di awal banyak orang Indonesia yang menganggap bahwa suku dan budaya orang Papua Barat sangat lucu dan tidak berharga, sehingga dalam perjalanan polisi dan militer ke kampung-kampung banyak melakukan tindakan semena-mena, tetapi mereka anggap perlakukan itu sebuah tindakan kecil dan menganggap masyarakat sudah mengerti hukum tetapi pura-pura tidak mematuhinya. Ini sangat bertolak belakang karena banyak masyarakat adat yang tidak mengerti bahasa dan juga budaya yang sangat berbeda, dimana budaya peluk (salam) saja dianggap salah oleh polisi dan militer yang menyaksikannya. Ada juga inisiatif baru dilakukan Pemerintah Indonesia pada tahun 1971-1972 yang disebut "Operasi Koteka", dimana masyarakat asli dipaksa memakai pakaian karena dianggap lebih moderen. Tetapi orang-orang tidak mau menganti pakaiannya, karena mereka tidak terbiasa merawat pakaian yang bisa menyebabkan penyakit kulit, tetapi ada beberapa laki-laki yang memakai celana pendek dan topi, sementara perempuan menggunakan gaun dan tas.

Warga pribumi Papua Barat adalah pemilik ras Melanesia dan sama sekali berbeda dengan orang Asia. Ada sejumlah contoh orang Papua Barat yang telah ditangkap dan dibuang keluar hidup-hidup dari helikopter, ada pula yang dicekik dan ditenggelamkan kedalam air setelah dimasukan dalam kantung plastik, perempuan hamil terbunuh oleh bayonet serta memaksa narapidana mengali kuburnya sendiri sebelum dibunuh. Dalam kesempatan itu, misionaris Australia meminjamkan kami sebuah buku yang dipublikasi setahun sebelumnya yang mereka bawa secara sembunyi dalam barang bawahannya. Buku itu illegal untuk dimiliki di Indonesia. Buku itu mengenai "Perang Rahasia Indonesia" (The Indonesia's Secret War) – "Perjuangan gerilya di Irian Jaya" (The Guerilla Struggle in Irian Jaya) yang ditulis oleh Allen & Unwin Australia Pty.Ltd, Sydney, Australia yang dipublikasi pada tahun 1985) – Didokumentasikan oleh wartawan Robin Osborne, mantan juru bicara Perdana Menteri Papua New Guinea's Sir.Julius Chan bahwa 200,000 orang Papua telah terbunuh oleh Pemerintah Indonesia sejak tahun 1963. Terutama suku-suku asli yang hidup dalam budaya zaman batu (bersenjatakan kapak batu, busur dan panah) oleh pesawat tempur yang dipersenjatai dengan senapan mesin dan bom Napalm.

Dampaknya, terjadi perang sipil di wilayah itu sejak tentara Indonesia mulai melakukan perang rahasia melawan populasi orang pribumi dan Organisasi Papua Merdeka (OPM) atau "Free Papua Movement", khususnya di area perbatasan yang dekat dengan Papua New Guinea yang mana kehadiran sebuah kekuatan militer – dan dibagian lain perbatasan, disana ada kamp pengungsi dengan ribuan orang yang mengungsi dari Papua Barat. Tetapi semua kejadian itu sangat jarang sekali keluar ke dunia pers atau media. Kemudian, ketika terjadi kekacauan di area ini (perbatasan) segera dinyatakan ditutup oleh polisi dan tidak satupun yang keluar.

Orang asli Papua Barat menganggap tanah mereka sebagai sebuah warisan suci, sebaliknya terhadap resiko manajemen destruktif Pemerintah Indoensia dari tanah mereka, terutama yang disebut dengan "program transmigrasi" – dimana dari perpindahan populasi besar ke bagian tanah yang belum diolah, terutama menurunkan padatnya penduduk pulau Jawa ke Papua Barat. Untuk total penduduk Papua Barat pada tahun 1986 sebanyak 1,2 juta jiwa, sementara 220.000 jiwa adalah imigran asal Indonesia (non-Papua) yang dialokasikan untuk memplot tanah di hutan Papua Barat untuk mereka bercocok tanam. Imigrasi besar-besaran yang dilakukan Pemrintah Indonesia ini tidak hanya bencana bagi rakyat Papua Barat, tetapi juga bencana bagi hutan rimbah, bumi Papua Barat dan umumnya serta satwa liar.

Misionaris asal Australia itu memberi kami banyak informasi tentang situasi politik di Papua Barat, tetapi dia tidak tahu banyak tentang kondisi di daerah suku Yali. Selain itu mereka menyampaikan tentang misionaris asal Amerika, Don Richardson dalam buku "Lord of the Earth" yang dipublis tahun 1977, Buku Regal, California, USA), yang mengambarkan bagaimana dua misionaris yang dibunuh oleh orang Yali pada tahun 1968.

Namun demikian, saya masih muda dan bertekad untuk melakukan itu. Saya bisa untuk mengunjungi suku Yali. Itu tekad saya sebagai penulis bebas, penulis perjalanan dan fotografer dengan ketertarikan khusus terhadap orang-orang pribumi dan itu menjadi tujuan saya dalam perjalanan ini, dimana mendokumentasikan perubahan yang telah terjadi sejak misionaris pertama masuk daerah ini 25 tahun silam. Saya juga telah membaca sebuah artikel dari antropoligi Amerika, Klaus-Friedrich Koch, dan kemudian bukunya "Perang dan Damai di Yalimo (War and Peace in Jalémó) – Manajemen konflik di pegunungan New Guinea" (dipublish tahun 1974, di perguruan tinggi Harvard University Press, Cambridge, Massachusetts, Amerika Serikat) yang menginspirasi saya mencari bagaimana suku Yali mengintegrasikan diri dengan dunia luar sejak buku itu di publish. Menurut Klaus-Friedrich Koch, suku Yali adalah salah satu suku di dunia yang paling gemar berperang. Hingga kontak pertama dengan dunia luar pada tahun 1961, orang Yali hidup terisolasi di gunung-gunung pada ribuan tahun silam. Bagi mereka, standar penyelesaian konflik adalah perang dan membunuh, sehingga verbal solusi penyelesaiannya tidak diketahui. Permusuhan yang terjadi melibatkan suku melawan suku, lembah ke lembah lain, kampung melawan kampung lain, keluarga melawan keluarga lain, bahkan anggota keluarga yang tinggal di kampung yang sama bisa berperang dengan keluarga lainnya.

Akhirnya kami tiba di daerah pesisir pante di kota Jayapura – kami menunggu untuk beberapa hari sebelum kami diijinkan terbang ke Wamena, yang merupakan pusat pemerintahan di Pegunungan Tengah Papua yang sangat kecil. Disana terdapat satu-satunya hotel mirip barak yang dilapisi seng aluminium dekat landasan terbang Bandara Wamena. Disitu berdiri tentara pria berkulit hitam telanjang dengan koteka panjang tanpak serius berhadapan kepada para tamu yang hendak mendarat dari pesawat.

Namun demikian, nyatanya kami berhasil pergi dari Wamena ke Wilayah Suku Yali yang sebenarnya karena pergumulan doa tentang keadaan akhinya kami ada dalam kontak dari beberap orang yang sagat membantu, terutama koneksi gerakan pembebasan. Setelah beberapa hari di Wamena, kami dibantu secara ilegal ke Angguruk dengan pesawat misi kecil dan juga dibantu oleh beberapa misionaris. Sebelumnya Polisi Indonesia menyita passport, dan kami hanya diperbolehkan tinggal di Lembah Balim, dimana disitu tidak ada jalan dan kendaraan. Dalam perjalanan ke Angguruk sempat terkagum-kagum dimana kita terbang di atas hutan lebat dan tak tertembus di atas pegunungan yang indah dengan curamnya jurang yang dalam sementara sungai yang mengalir dibagian bawah yang sedang meliuk-liuk dari dalam hutan yang hijau di bawa kami. Dan kemudian kami melihat pemandangan yang dari kejauhan dan pondok bulat kecil yang terletak di tengah-tengah hutan jauh dari daerah yang dihuni masyarakat.

Pilot dari Australia menunjukan pada saya beberapa peta terbaru penangkapan kamera satelit, dimana saya mengonfirmasi dengan mata saya sendiri bahwa Papua Barat adalah tempat terakhir di bumi ini yang masih kosong di atas peta. Beberapa daerah masih ditutupi kabut dan awan lebat jadi kebanyakan kamera satelit moderen telah mampu memotret hingga yang tidak diketahui – ini kantung peta yang ditentukan sebagai daerah putih dengan bantuan tulisan lengkap.

Panjang pulau New Guinea 2,400 kilo meter dan lebar 740 kilo meter – pulau ini merupakan pulau terbesar kedua di dunia setelah Greenland. Pulau ini dikelilingi hutan rimba, kemudian ukuran serupa dengan pulau ini hanya bisa disamai oleh padang gurun Amazon. Ada sejumlah gunung-gunung yang memiliki salju di atasnya mencapai ketinggian 4-5 kilo meter dan peregangan seperti naga bergerigi menelusui panjang seluruh pantai. Manusia telah tinggal disini selama

60,000 tahun terakhir, bahkan mungkin lebih lama. Di pulau ini kurang lebih ada 800 suku berbeda dengan identitas budaya masing-masing dan cara hidupnya. Ada 15 persen dari bahasa yang dikenal di dunia digunakan disini, tetapi beberapa berbeda seperti Bahasa Inggris dan Bahasa Cina meskipun fakta bahwa hanya 0,1 dari populasi dunia tinggal disini. Setelah setengah jam perjalanan, pilot melakukan persiapan untuk pendaratan dan terbang dekat sejumlah gunung vertical melalui jurang di mana terletak di tepi sebuah gunung lereng yang curam. Ketika saya melihat ke dinding batu, itu seperti sedang berdiri tegak. Disaat pilot menurunkan pesawat, posisinya telah pas, sehingga kita melihat lurus ke bawah langsung dengan sungai yang terlintang di bawah.

Mendarat di Angguruk di atas landasan yang bergelombang membuat saya seolah-olah ingin melangkah keluar dari pesawat. Hal ini juga semacam membawa saya kembali ke 5.000 tahun yang lalu. Panjang lapangan terbang sendiri kira-kira 300 meter dengan landasan rumput hijau – dimana ratusan orang bertelanjang badan hanya menggunakan koteka memandang kami. Disitu tidak sempat ada misionaris kulit putih, hanya misionaris perempuan asal Belanda untuk semacam kunjungan. Dia telah bekerja 12 tahun di pusat misi dan sudah lancar berbicara bahasa Yali. Sayangnya, setelah tiga hari dia pergi, tetapi selama itu dia memberikan banyak informasi kepada kami dan dia juga membantu memperkenalkan kami dengan Pilemon (satu laki-laki suku Yali yang sedikit bahasa Jerman – Indonesia). Dia juga rela menjadi pengantar (Guide) kami dalam tur di wilayah Yali. Selanjutnya, dia (perempuan Belanda) menyampaikan pada kami bahwa kami adalah turis pertama di daerah itu – selain misionaris yang mengunjungi Angguruk. Dia harus berangkat, tetapi sebelum pesawat menjemputnya, dia mengisnpirasi saya mengumpulkan bahan foto untuk sebuah buku dokumenter mengenai seorang anak laki-laki Yali yang mengodanya melakukan kontak dengan dunia luar.

Disaat pertama saya mengunjungi Angguruk, saya hanya melihat roda tertusuk yang diletakan di gerobak yang diparkir di rerumputan tinggi. Itu tujuh tahun lalu ketika mereka masih memakan daging manusia di wilayah ini. Misionaris Jerman dan Belanda yang bertugas di Angguruk secara bertahap berhasil dalam upaya mengurangi perang suku dan mengkristenkan orang Yali. Orang Yali pertama dibaptis pada tahun 1972.

Misi di Angguruk adalah misi gereja Protestan, dimana ada gedung gereja, sekolah dan rumah sakit dengan staf yang menetap untuk melakukan pekerjaanya, seperti biasanya di rumah sakit kecil. Kemudian, disitu juga ada kios kecil yang menjual garam, gula, plastik, kaca muka, kampak, pisau dan lain sebagainya. Sebaliknya masyarakat Yali menjual alat-alat tradisional, seperti kampak batu, busur, anak panah, dan sejenisnya.

Di sejumlah kampung dekat Angguruk, kampak telah menjadi barang umum, tetapi sejumlah kampung lainnya di wilayah ini masih menjadikan kampak batu sebagai alat penting. Sementara, saya dengan cepat berpikir bahwa semua yang saya lihat di sekitar saya kemungkinan hilang dalam beberapa tahun, sehingga dengan cepat mendokumentasikan apa yang saya lihat dengan kamera tentang bagaimana orang Yali terintegrasi dengan orang luar.

Dari rumah tamu di pusat misi, kami berjalan mengunjungi beberapa kampung sekitar, dan kemudian kami menyeberangi sungai Yaholi dengan jembatan kuno buatan orang Yali dari kayu yang diikat dengan tali, dimana setiap kami melewatinya di atas kayu dengan keseimbangan yang harus baik. Setelah itu kami berjalan melewati hutan bebas dengan pemandangan alam yang indah hampir tidak bisa dibayangkan dan gunung batu terjal yang menyempit dan terjal. Sepanjang sungai di bawah jurang yang dalam, dimana masih sangat asli seperti surga dengan air terjun, bunga-bunga yang indah dan beraneka warna kupu-kupu.

Hal itu sangat langkah untuk dijumpai yang bersamaan dengan kebaikan, dimana dalam hidupku hanya dua kali diancam dengan busur dan anak panah. Pertama oleh seseorang yang lagi gangguan jiwa, dimana dalam kebingungannya ketika saya datang berdiri ditengah kampung ia membidik saya dengan anak panah, sehingga ia dimarahi oleh kepala suku kampung dan diminta untuk memintah maaf. Satu jam berikutnya dia mulai mengikuti saya dan sering-sering memegang tangan saya.

Bagian kedua terjadi di jalan lorong di lereng bukit di hutan, dimana seorang pria mendekat dan ketika melihat saya dia sangat terkejut dan kaget. Momen itu merupakan sebuah refleks yang mengakibatkan dia mengarahkan anak panah ke arah saya, dan kami secara tiba-tiba berjalan mengelilingi diujung tempat dimana kita bertemu. Kemudian dia berkali-kali memukul anak panah yang terikat di atas busur sambil melompat dan menari berputar-putar disekeliling dirinya sambil menyanyi. Dan kemudian kami berjabat tangan dan senyum bebas diantara kami.

14

Ketika saya menawarkan tembakau dia mengklik kotekanya dengan jarinya setelah kami duduk menjongkok di lorong jalan itu dan kami merokok bersama. Ketika kami selesai merokok kami berjabatangan dan mengatakan "wa nare", yang wajib bagi orang Yali mengucapkan salam antara pria.

Di kesempatan lain, ada sebuah grup pria tua yang menantang saya dengan mengundang ke rumah pria (Yowi) yang dianggap suci, tetapi sebaliknya kami bertemu mereka dengan ramah. Mereka sangat ramah dan tertatik untuk membantu, sedangkan kita biasanya membuntuti orang di belakang.

Semua orang datang mengelilingi kami ketika kami tiba di sebuah kampung dan sebagian dari anak-anak yang takut terjebak di gerombolan orang, sementara hampir semua orang di kampung itu datang mau berjabatangan dengan kami. Mereka menyapa penuh keramahan dengan cara lasim: mengangkat alis mengangguk kepala sekali dan membuka mata ke atas serta senyum lebar. Sering cara ini dilakukan oleh anak-anak dan orang dewasa, dimanaa mereka menyentuh tangan kami dengan rasa ingin tahu atas kulit kami yang terang, tetapi ketika kami melihat mereka, mereka merasa malu dan memasukan jari mereka ke mulut dan membuang mata ke bawah sambil semyum. Setelah itu mereka lolongan tertawa dan kami juga terjebak tertawa. Ketika saya hendak menyerahkan hadiah yang kami bawa (sebuah tas garam kecil), daun pisang segera di potong-potong dan dikumpulkan untuk mendapatkan garam di atas daun pisang itu – mereka kelihatan bahagia untuk segera mendapatkan garam. Ada banyak bayi yang menggemaskan. Hampir semua bayi terserang pilek dengan hidung yang panjang berwarna hijauh, beberapa memiliki hidung besar, luka borok di paha dan pinggul serta beberapa perut bayi membengkak karena cacingan.

Lebih sering saya diundang ke dalam rumah laki-laki (Yowi), dan memberikan bungkusan kecil tembakau kepada kepala sukunya dan kepada mereka yang hadir yang merupakan perokok. Orang dari suku Yali selalu menanam dan merokok tembakau, bahkan anak-anak usia 4-5 tahun. Sering saya melihat orang dewasa menguling rokok dari daun hijauh yang telah dikeringkan dan diberikan kepada anak-anak sebelum mereka mampu menguling rokok sendiri. Merokok menjadi kebiasaan mereka dari jaman dulu. Setelah itu, sebagai imbalan dari apa yang kami beri, seorang laki-laki akan menyanyi dengan suara keras sehingga terdengar. Mereka senang untuk bertemu dengan saya karena tembakau selalu saya bawa sebagai hadiah dan lagu-lagu mereka bisa didengar dari kejauhan beberapa kilo meter.

Kampung-kampung mereka berada di lereng-lereng gunung yang terdiri dari rumah-rumah keluarga yang kecil mengelilingi rumah laki-laki (Yowi). Disana terjadi pernikahan dengan banyak istri, dimana anak-anak dan perempuan tinggal di rumah-rumah kecil dengan ternak babi mengelilingi Yowi (rumah adat). Di rumah adat besar, ditinggali oleh pria dewasa dan anak-anak laki-laki yang telah diinisiasi di kampung itu. Tidak ada akses untuk perempuan dan anak-anak masuk di Yowi. Diluar rumah adat, didekorasi dengan sedemikian rupa bahan-bahan bernilai tinggi dari peninggalan jaman dahulu isyarat-isyarat dengan corak yang diwarnai merah dan putih dari tanah liat. Menurut misionaris, mereka bersosialisasi dengan pemujaan roh-roh moyang. Benda itu adalah sebuah batu suci yang disimpan di dalam jarring atau noken kusam hitam, dan di beberapa rumah adat pria masih menyimpan bagian tubuh korban dari musuh yang sedang merokok dan lain sebagainya.

Semua laki-laki dan anak-anak yang telah diinisiasi menggunakan koteka (pakaian tradisional yang terbuat dari salah satu buah yang mereka tanam dan dijadikan sebagai penyarung kemaluan laki-laki). Disana tidak ada yang terlibat hubungan seksual dengan bebas karena menggunakan Koteka, karena Koteka merupakan pakaian tradisional yang telah ada turun-temurun. Koteka merupakan sebuah simbol dari kewibawahan. Koteka biasanya tegak lurus menggunakan tali disekitar pinggang. Untuk laki-laki dewasa Yali, mereka menggunakan tali rotan mengelilingi tubuh. Sementara pakaian wanita terdiri hanya rok pendek yang terbuat dari rumput dan akar pohon dengan menggunakan "noken" (tas jaring), yang mengantungkanya dari kepala ke badan kebelakang (Noken ini bisa isi apa saja, mulai dari anak bayi, ubi-ubi dari kebun dan segala macam barang).

Sedangkan yang biasa tidur di loteng rumah adat laki-laki adalah anak-anak usia 7-8 tahun yang telah diinisiasi, jadi sebelumnya mereka secara exklusif bisa tinggal dengan perempuan mereka, setelah diinisiasi tidak ada hubungan legi dengan dunia perempuan.

Setelah satu minggu di Angguruk, saya memilik satu kampung unutk saya konsentrasi mengumpulkan material untuk buku foto dokumentasi saya. Karakter utama dari buku itu adalah seorang anak laki-laki sembilan tahun yang bernama Puwul, anak dari kepala suku kampung tersebut. Di beberapa hari kemudian pacar saya tinggal di pusat misi Angguruk, karena dia mengalami sakit radang dan gigi, sehingga dia harus minum obat penicillin. Sementara penerbangan untuk keluar masuk tidak dilakukan setiap hari.

Lokasi kampung itu sekitar 2 ½ jam berjalan kaki dari pusat misi, yang tidak bisa pulang pergi setiap hari, setiap pagi sebelum matahari terbit saya sudah berangkat dari pusat misi dimana kami menginap. Alasan saya memili kampung itu lebih khusus karena kampung itu sangat kecil dan sangat tradisional dengan yang lainnya. Dimana anak-anak di kampung itu juga belum perna melihat orang kulit putih sebelumnya dan termasuk orang di kampung itu hidup masih tradisional. Mereka tidak tahu uang dan ketika saya mengambil gambar mereka tidak tahu apa yang harus dilakukan, meskipun melalui Pilemon terus menerus saya menjelaskan prosesnya. Ketika pertama kali saya menyalakan senter saya di dalam rumah adat laki-laki, semua orang kaget dan mencari jalan keluar, tetapi akhirnya satu persatu mulai menyentuhnya dan mengetahui bagaimana senter itu bekerja. Sebelumya mereka belum perna melihat senter, meskipun mereka bisa membuat api, tetapi proses bagaimana mereka membuat api dengan cara tradisional dengan menggunakan tali dan rumput di bawa kayu kering lalu mengosong-gosok tali itu hingga menghasilkan api.

Anak-anak tidak pergi ke sekolah dan tidak belajar menghitung, membaca dan menulis. Sifat dan kebiasaan menjadi sekolah mereka. Dimana mereka belajar, skilnya sedikit berbeda kemudian mereka juga bisa belajar di pusat misi. Secara natural, mereka seperti ikan dalam air, bertahan hidup dengan kondisi kemampuan natural yang liar dan itu merupakan spesialisnya mereka. Mereka sangat lihai menembak dengan busur dan panah, membuat tempat minum dari kulit kayu oleh anak kecil dalam beberapa menit. Mereka tidak tahu apa-apa dengan dunia di luar dari gunung-gunung di sekitar mereka. Pengetahuan yang mereka miliki turun-temurun lebih dari 60.000 tahun tak terganggu dari usia budaya batu dari waktu ke waktu yang membuat itu mungkin untuk bertahan hidup dari kebiasan tangan ke mulut. Hal itu adalah kehidupan yang sangat sulit untuk hidup pada zaman batu, tetapi disaat saya memperhatikan anak-anak laki-laki, mereka bisa berenang di sungai dan mengalami suka cita dalam hidup mereka. Saya sering bertanya tentang bagaimana kehidupan mereka ketika mereke menginjak dewasa – dan seperti apa anak-anak mereka akan hidup kedepan.

Anak laki-laki yang diasuh dasarnya banyak menuju ke pendidikan perang dan memburuh. Semua anak laki-laki yang telah diinisiasi selalu bersenjata, mulai dari busur, anak panah dan banyak menghabiskan waktu untuk latihan memanah. Hampir setiap hari saya bertemu pria dan anak laki-laki sedang berburuh di hutan, tentunya menggunakan busur dan anak panah. Dan hal ini dilakukan terus menerus. Saya sempat terkesan dengan apa yang mereka lakukan, dimana dengan lincah dan tenang orang-orang Yali ini bisa bergerak secara natural di hutan di sana. Mereka memilik indera yang sangat luar biasa dengan keseimbagan dan mereka juga bisa bergerak maju dengan tenang di tempat-tempat yang sulit. Melihat seorang anak laki-laki berjalan melewati batang-batang kayu dan bergegas melewati sungai seperti seekor kucing dengan mudahnya melewati pagar kayu. Hal yang sama terjadi didalam hutan lebat dan disini para pemburu berada di satu bagian dengan alam mereka dan disitu mereka bisa meniru suara burung yang aneh sekalipun secara sempurna.

Memburu menjadi bagian penting dari kehidupan seorang laki-laki dan segalanya bisa diselesaikan dengan hanya busur dan panah. Beberapa pemburu memilik anjing pemburu dan ini menjadi populer, terutama pemburu disaat memburu Ekidan (Binatang berduri) dan Marsupialia (Binatang berkantung seperti kanguru). Yang diburu adalah binatang termasuk segala macam binatang liar, kelelawar, biawak, tikus besar dan ular. Termasuk kangguru, kasuari, burung tak bersayap dan lainnya.

Sementara bahan dasar pembuatan anak panah dari bambu tua yang disiapkan berbeda jenis dan tipe tergantung penggunaannya. Tipe yang lebih banyak adalah tipe untuk perang yang digunakan hanya bagi manusia. Tipe panah ini hanya diambil dari bambu tua yang kuat dan panjang kecil berduri dan bagian depan bambu dililit tali kecil yang berwana kuning yang berasal dari anggrek racun. Disaat musuh memanah dan ketika mencabut, racun yang dililit tadi akan tinggal di dalam tubuh yang akan mengakibatkan infeksi. Anak panah perang itu sering dihiasi dengan pola rumit. Sedangkan pembuatan anak panah, seorang laki-laki menghabiskan waktu lama memotong kayu yang bagus. Sejauh yang saya tahu sebuah desain memiliki ritual dan makna dalam hubungan tentang apa yang mereka gunakan untuk membunuh musuhnya. Anak panah untuk burung berbeda, dimana ujungnya ada tiga mata yang dibuat dari bambu hampir persis dengan mata pisau tetapi berduri. Sementara untuk babi dan permainan agak panjang yang dibuat dari bambu juga hanya tanpa berduri. Anak panah tidak memiliki slot dan pengaman bulu. Busurnya dibuat dari bambu yang dibagi menjadi dua melengkung diikatkan tali rotan. Sementara saya tidak diijinkan untuk mengetahui banyak tentang dunia perempuan dan anak-anak perempuan, dimana perempuan dan laki-laki tinggal terpisah. Hanya dua kali saya diijinkan memotret, yaitu ketika pembukaan rumah keluarga, tetapi saya diperhatikan oleh beberapa grup laki-laki yang dengan serius dari belakang saya dalam setiap pergerakan saya.

Dunia pertanian orang Yali sangat besik untuk bertahan hidup. Perempuan dan laki-laki mulai sibuk dari pagi hingga sore dengan setiap pekerjaanya. Mereka berkebun dengan metode mengorok dan membakar rerumputan dengan kerja keras, khususnya disaat alat kerja sederhana berupa tongkat kayu memproses ke tanah atau kebun. Yang sangat sulit dan berat adalah ketika menyiapkan tanah untuk budidaya di kebun yang terjal yang akan disiapkan oleh kaun laki-laki sambil perempuan menanam, merawat dan memanen. Selain itu repatriasi tanaman saat dipanen terdiri dari ubi, keladi dan beberapa sayur mayor, termasuk buah-buahan. Daging babi dimakan hanya dalam suatu kegiatan tertentu, sementara sumber makanan utama yang paling banyak adalah sayur, yang juga mendorog laki-laki untuk tetap berburu di hutan untuk mendapatkan pasokan daging.

Di suatu hari saya menyempatkan diri berburu dengan pemburu Wolesi, dimana hutan sangat dekat dan bisa menjelajah ke mana saja dengan beratnya Pakis Air, lumut dan liana yang tergantung. Disaat Wolesi berjalan kedepan dengan busur dan panah di tangan sangat serius melihat ke atas ujung pohon terdengar suara dari hutan. Didalam sana melalui bunyi hidung dia memiliki burung berbulu biru dan dibelakang telinga mengenakan sebuah anggrek kuning.

Dan kemudian kami mendengarkan suara aneh, teriakan parau dari burung yang mengumumkan penyusupan kami, tetapi ada beberap burung yang penuh warna dan kami tidak melihat binatang lain dengan kelelawar, serangga dan kodok. Ketika tidak sengaja saya berdiri di atas sebuah kayu bercabang yang sudah rusak, Wolesi berhenti dan memulai untuk siul ketakutan dari burung dan saya sempat takut. Tiruan itu begitu tepat dan sempurna dan saya benar-benar bingung. Penapsir dan Pilemon (pemandu saya) mengisiaratkan pada saya bahwa kami musti kembali ke kampung dan biarkan Wolesi memburu sendiri karena saya banyak melakukan kebisingan, dan tentu saya menyetujuinya. Saya sama sekali tidak terbiasa dengan medan curam dan terjal seperti ini, dimana setiap tempat saya harus berkonsentrasi penuh. Saya selalu dekat memegang liana dan akar pohon supaya saya tetap menjaga keseimbangan saya. Ketika kami disekitar daerah itu, kami telah mengikuti Wolesi dan sambil kami jalan dia tiba-tiba menyanyi dengan suara keras.

Di hari terakhir saya menghabiskan waktu di kampung dan sempat merayakannya dengan makan bersama yang dimasak di bakar batu di pinggir kali di tengah hutan. Bahan bakar batu atau tempat masak di dalam tanah terdiri dari lubang dalam tanah, tali untuk mengikat makanan yang sudah dibungkus dengan tali, dan daun-daun segar yang dapat dimasak dengan makanan. Setelah batu dipanaskan di perapian langsung dimasak. Di atas bakar batu tadi di bungkus dengan rumput yang pertama kali dialas bagian bawa dan diselimuti bungkusan masakan itu dan sering ditutup dengan batu bagian atas. Sejak bakar batu selesai laki-laki perempuan duduk dalam grup-grup dengan sendirinya sambil mengobrol sementara anak-anak tunggu sambil bermain dan berenang di kali. Setelah beberap jam bakar batu telah dibuka dan isinya dikeluarkan, dan kita semua duduk di tepi sungai dengan membuat lingkaran perempuan sendiri dan laki-laki, kemudian mulai makan. Anak-anak juga duduk disekitar situ dan makan makanan yang diberikan orang dewasa. Noken, kampak, linggis dari kayu, busur dan anak panah ditaru di atas tanah disekitar kami makan. Di petang saya melihat kelelawar besar mencari serangga di dalam air terbang disekitar sungai. Seolah-olah saya telah menemukan diriku diwaktu lain, di planet lain, dimana telah berdiri untuk beribu tahun lagi.

Waktu kembali ke Angguruk, saya kehilangan keseimbangan disaat melewati sungai dan saya jatuh di alirasn sungai yang deras dengan semua alat-alat kamera, sehingga secara total semuanya dirusak air, tetapi kebanyakan dari foto-foto saya di kamera aman.

Pagi-pagi di hari berikutnya melalui radio mission VHF untuk berhubungan dengan orang diluar Angguruk, disaat pacar saya mulai kesulitan dengan sakitnya supaya segera dilihat oleh dokter gigi. Hari berikutnya kami terbang ke Apahapsili dimana kami habiskan dua hari sebelumn akhirnya tiba di Wamena. Di Wamena kami beruntung dengan polisi, karena hari libur Muslim, sehingga hanya seorang staf dan dua petugas biasa di kantor – berhubung dengan pacar saya sakit maka mereka memintah paspor tanpa pertanyaan selanjutnya yang membuat kami lebih cepat berangkat ke Bali.

Sepuluh tahun kemudian

Setelah sepuluh tahun kemudian pertama kali saya melakukan perjalanan kembali ke pulau New Guinea mengunjungi suku Yali dan berharap bertemu beberapa orang yang saya jumpai waktu itu. Pada tahun 1991, buku foto dokumenter saya tentang "dunia Puwuls – masyarakat adat yang terancam punah" diterbitkan di Denmark dan menjadi bagian dari tujuan perjalanan saya untuk memberikan salinan buku itu kepada orang-orang yang perna terlibat didalamnya.

Perjalanan kedua saya ambil waktu lebih dari dua bulan pada tahun 1996. Empat minggu pertama di perusahaanku, jasa perjalanan atau Denmark travel bersama temanku, Stig. Waktu itu saya sebagai pemimpin tur di ekpedisi jalan kaki melewati hutan dan gunung dari Wamena ke Angguruk. Setelah banyak penerbangan beruba, penerbangan juga kelamaan karena singgah di Timika dan Biak, kebetulan ada masalah di mesin pesawat. Akhirnya Stig dan saya tiba di Jayapura. Di kantor polisi Jayapura berdasarkan izin yang kami terima, kami diperbolehkan mengunjungi Wamena, pusat dari Pegunungan Tengah Papua, termasuk izin untuk mengunjungi Angguruk.

Selama tinggal di Jayapura kami mulai sadar bahwa situasi politik masih belum stabil. Kami melihat polisi dan tentara dimana-mana. Beberapa bulan sebelumnya Organisasi Papua Merdeka (OPM) pejuang dari gerakan perlawanan Papua Barat menahan 11 sandera selama empat bulan di sebuah goa yang daerah-nya sulit dijangkau. Selain itu, beberapa minggu sebelumnya ribuan orang Papua Barat berpartisipasi dalam aksi demonstrasi di Jayapura dimana 5 orang dibunuh, termasuk seorang tentara Indonesia. Demonstrasi itu diduga dilakukan karena orang asli Papua ditolak bekerja di perusahaan tambang terbesar, Freeport Indonesia, yang rata-rata mengambil hasilnya lebih dari tujuh juta Dolar Amerika Serikat dari emas, perak dan tembaga di setiap harinya. Perusahaan tambang itu adalah anak perusahaan terbesar Amerika Serikat, Freeport McMoRan, yang beroperasi besar, Grasberg terbuka tambang yang terletak di pegunungan bagian barat daya dataran tinggi, perusahaan tunggal terbesar dunia yang berisi terutama berkonsentrasi pada emas. Menurut sebuah artikel yang diterbitkan di Nasional Geografi pada Februari 1996 bahwa perusahaan tambang itu telah ada tambahan 75 tempat di pegunungan, dimana diyakini bahwa hal itu sangat menguntungkan untuk melakukan operasi pertambangan.

Setelah beberapa hari di Jayapura kami terbang ke Wamena. Saya telah belajar dengan cepat sehingga 10 tahun lalu saya berkunjung ke pegunungan, mungkin hampir sebanding dengan 50 atau 100 tahun di seluruh dunia. Ketika saya melangkah keluar dari pesawat, mengingatkan saya bahwa saya sedang kembali ke New Guinea dimana tempat yang telah mengalami beberapa perubahan yang luar biasa. Disaat itu prajurit pria hitam yang sedang menggunakan koteka panjang yang pernah berdiri tampak sedang berdiri di samping landasan bandara udara Wamena dan hal ini terjadi setiap minggu pesawat mendarat. Yang banyak waktu itu sudah berpakaian dan yang lainnya masih menggunakan koteka.

Wamena telah berkembang 10 kali lipat dan menjadi kota dengan semua fasilitas modern. Kota ini sekarang memiliki 5-6 bank, beberapa hotel dan restoran, toko-toko suvenir, penata rambut, bioskop, dan lain-lain, sementara pemilik yang menjalankan scmua ini adalah orang Indonesia. Ada antena Parabola dimana mana, dan di beberapa jalan belakang Pasar Nayak Wamena tumbuh dewasa perkampungan kumuh. Terutama di sepanjang jalan umum – jalan Trikora, sementara orang asli Papua berjalan disekitar jalan lorong tempat selokan terbuka mengaduk-aduk sampah. Sepuluh tahun lalu tidak ada bank-bank, kendaraan roda dua dan roda empat termasuk jalan-jalan, dan 95% dari penduduk asli di lembah ini berpakaian tradisional, sekarang angka ini justru sebaliknya, dimana 95% memakai pakaian moderen.

Penduduk asli lembah ini mengalami perubahan yang siknifikan setelah beberapa tahun kemudian. Lembah Balim "ditemukan" pada tahun 1938 disaat ekspedisi yang dipimpin Richard Archbold berkebangsaan Amerika yang adalah ahli ilmu hewan, tetapi ketika Perang Dunia II meletus semua itu rusak dan Lembah Balim dilupakan hingga 1945, pilot angkatan udara Amerika Serikat Myron J. Grimes pertama kali terbang di atas Pulau New Guinea. Hingga saat itu, 90% dari interior pulau-pulau ini putih tanpa apa-apa di peta. Ketika pada tahun 1956 sebuah pos Pemerintah Belanda didirikan di Lembah Balim. Dua tahun kemudian pada tahun 1954, misionaris berkulit putih pertama berhasil untuk memulai pekerjaan di lembah dan mulai untuk mengubah orang-orang

Dani menjadi "iman kristen". Mungkin sekarang di Wamena adalah kota di dunia di mana banyak gereja berdiri per-kapita.

Di Wamena yang telah menjadi pusat administrasi daerah pegunungan dan menajadi pusat penyebaran agama, baik mereka yang mewakili – gereja Advent, Baptis Protestan, Katolik dan Katolik Roma, dan lain-lain. Masjid juga ada di kota sebagai agama mayoritas di Indonesia yang adalah Muslim, dan mereka melakukan apa yang mereka bisa lakukan untuk mengubah populasi Papua Barat ke mayoritas Muslim di Papua Barat.

Di Wamena kami bertemu Wimmo dari suku Dani yang saya kenal dari kunjungan saya sebelumnya. Dalam perjalanan ini kami menyewa dia sebagai penerjemah karena dia selain berbahas Dani juga bisa sedikit bahasa Yali dan juga cukup berbicara bahasa Inggris dan bahasa Indonesia, sehingga dengan kemauan baik dan kesabarannya bisa berkomunikasi dengan orang-orang yang kami jumpai mengenai hal-hal penting.

Wimmo datang dari kampung kecil di kaki gunung yang jauh dari kota. Dia telah tumbuh di masa dimana Peter Matthiessen, penulis Amerika menggambarkan dalam bukunya yang berjudul "Di bawah dinding gunung" (Under the Mountain Wall), di mana dalam gambaran penulis ikut serta dalam Harvard Peabody ekspedisi pada tahun 1961 menggambarkan bahwa budaya Dani dan kehidupan mereka. Marga Kakek Wimmo yang saat itu kepala suku dijelaskan di dalam buku *Under the Mointain Wall*.

Suatu hari Wimmo mengundang kami untuk mengunjungi kampungnya dan melihat bapaknya yang sempat menjadi kepala suku. Setelah kami mendaki menuju kampungnya dan kami tiba. Kamipun disambut oleh ayahnya yang sudah berusia, namun tidak sedikit pun ia kaget atas kedatangan kami karena ia telah membayangkan sebelumya bahwa kita akan datang. Wimmo menjelaskan bahwa ayahnya adalah seorang dukun dan penyihir tetapi ia baik dan mampu memprediksi hal-hal yang bisa diprediksi dan menyembuhkan orang.

Para misionaris tidak cukup memiliki banyak akses dan keberhasilan untuk mengubah ayah Wimmo yang masih "Kafir". Di dalam rumah adat laki-laki banyak digantung segala macam perlengkapan suci dan pusaka, kapak batu tua, busur dan panah, tulang rahang babi yang disembelihnya, batu-batu keramat dan daun rokok yang dikemas dengan sangat hati-hati dan yang lain ia tidak ingin menguraikan secara detail. Wimmo sendiri sudah merupakan seorang Katolik yang berbeda keyakinan dengan ayahnya. Ayahnya masih memakai koteka dan lemak babi di wajahnya bertanda masih kafir, sehingga berkilau gelap gulita. Waktu itu saya mendadak terpikir seberapa banyak perubahan yang dialami Wimmo dalam hidupnya. Bahkan sekalipun dari dua dunia berbeda tetapi duduk di rumah adat laki-laki secara bersama, dan sekali lagi hal ini tidak menjadi masalah dan juga tidak membosankan. Pada saat itu Wimmo menawarkan saya untuk melobangi hidung saya dengan tulang burung, dan ayahnya memberi kami dan menunjukkan bagaimana cara menempatkan koteka pada penis.

Di hari-hari berikutnya kami pergi di sekitar Lembah Balim, dimana sekarang ada jembatan dan persimpangan jalan, yang kami bisa berangkat dari terminal taxi Wamena diantar dengan becak dari satu tempat ke tempat lain dan kembali lagi dalam sehari. Lembah Balim terletak sekitar 1.600 meter di atas permukaan laut, sekitar 80 kilometer panjang dan 20 kilometer lebarnya.

Beberapa tempat di lembah, orang Indonesia mulai bermukin dan mengolah Padi, tetapi juga ditempat lainnya mereka berternak domba dan sapi. Banyak tempat di daerah ini dibuat menjadi perkebunan kopi. Sementara, diluar Wamena telah dibangun pembangkit listrik kecil untuk menyuplai listrik ke kota, dan di bagian lain dari Sungai Balim ada bendungan. Beberapa tempat dengan pemandangan alam ada tambang terbuka dan dimana mesin modern terbaik dikerakan ke jalan sekitar 300 kilometer untuk dibangun dari Wamena ke Jayapura – Proyek itu selesai beberapa tahun kemudian, namun sejak ditinggalkan jalan-jalan yang telah dibangun itu hancur dan jalan-jalan yang sudah dibangun itu telah berubah menjadi hutan.

Suatu hari kami mengambil mini bis rute pedesaan untuk pergi ke bagian tenggara dari Lembah Balim, tetapi setelah setengah jam perjalanan kendaraan itu berhenti di lubang jalan yang sedang menganga yang diakibatkan oleh tanah longsor. Kami segera keluar dari dan melanjutkan dengan berjalan kaki, ternyata kami ketahui belakangan bahwa bukan itu satu-satunya tempat yang berlobang. Hampir semua tempat dimana jalan penyeberangan sungai kecil, jembatan, jalan retak, tanah longsor dan erosi diakibatkan hujan. Setelah beberapa jam mendaki akhirnya kami tiba dan terus melanjutkan di jalan setapak, tetapi sekali lagi banyak dari jembatan yang tidak dapat digunakan karena masyarakat lokal tidak bisa memperbaiki jembatan yang dibangun oleh orang Indonesia yang dibangun dari beton penyangga, papan dan kawat baja. Sebelumnya orang Dani bisa membuat jembatan gantung yang mana dibangun oleh cabang, kayu buah dan tali dengan kemampuan mereka untuk memperbaiki sendiri ketika dibutuhkan, tetapi sebagian besar dari mereka telah pergi lama. Kita sekarang harus menyeberang di sungai dan tentu saja kita membutuhkan beberapa waktu.

Sementara kita berjalan di jalan antara kampung-kampung di daerah Sogokmo dan Kurima, kami melihat sebuah salib tinggi yang berdiri tunggal di jantung dataran lembah yang luas. Kebanyakan dari semua itu tampak seperti sebuah monumen untuk review kembali sekarang budaya dan gatra yang dulunya milik masyarakat adat. Kami meninggalkan jejak kaki kami dan berjalan melalui rumput tinggi untuk melihat lebih dekat salib itu. Ketika kami mendekat pelangi nampak melalui awan antara pegunungan dan lembah. Saat kami berdiri di mata jalan, saya berpikir bahwa mungkin kejadian tadi oleh misionaris yang mendapat penglihatan bahwa di sini Yesus turun dari persimpangan. Tetapi kemudian kami bertemu orang yang menjelaskan bahwa salib itu ada tanpa pemiliknya di lembah yang dulu pernah digunakan sebagai medan perang suku Dani dari Sogokmo dan Kurima. Dua daerah itu adalah musuh bebuyutan, tetapi sekarang semua orang berkumpul dan setiap Natal merayakan Natal sebagai bentuk penyembahan. Setelah seminggu di Wamena kami akhirnya berhasil setelah usaha keras mencarter pesawat Cessna yang bisa terbangkan kami ke Yalimo.

Pada pandangan pertama ke Angguruk tidak perubahan besar. Lapangan terbang misi di Angguruk tampak tidak ada perubahan, termasuk jumlah rumah pada dasarnya sama. Tetapi sama hal seperti yang terjadi di Wamena, banyak orang pribumi di Angguruk yang mengenakan baju dan celana serta ketertarikan terhadap pesawat terbang disaat mendarat ada perubahan ketika saya ke Angguruk. Sekarang yang berdiri saat pesawat masuk hanya sebagian kecil saja, sementara para misionaris telah meninggalkan Angguruk tahun 1993, sedangkan yang menjalankan pelayanan diambil alih oleh orang-orang dari suku Yali, yang telah dilatih sebagai penginjil. Pusat misi dan tugas lainnya diambil alih oleh Pemerintah Indonesia, termasuk dokter, perawat dan dua orang guru yang telah ditempatkan di Angguruk. Cita-cita para misionaris untuk membangun dan mengerakan semua itu yang telah berkontribusi sudah pergi dan perkembangan dan progress yang telah dibuat mengalami penurunan. Generator telah rusak dan tidak perna diperbaiki lagi selama beberapa tahun, pipa pengalir air yang tersistem untuk menampung air hujan juga tersumbat dan gedung-gedung tidak terawat.

Suatu hari kami mengunjungi rumah pertama misi yang telah ada. Rumah itu tidak besar dari rumah ayam yang dibangun dari papan kasar. Dan terlihat sangat sederhana dan tanpak kuno yang dilengkapi dengan tempat perapian secara terbuka di lantai. Meskipun kayu-kayu papan itu cepat membusuk, bisa membuktikan bahwa salah satu dari rumah-rumah itu bisa ada dan mendapatkan kesan mengenai kehidupan pada masa-masa awal misionaris masuk. Saya sendiri tidak ragu tentang apa yang mereka percaya pada misi mereka.

Kami tetap bersama Wimmo dan Pilemon sebagai penafsir tetapi juga tentu sebagai penerjemah dan pemandu. Pilemon yang saya kenal dari kunjungan pertama saya, tinggal di sebuah kampung kecil dekat pusat misi di Angguruk, sehingga setelah kami tiba, kami berjalan ke kampungnya Puwul. Setelah lama perjalanan kami melalui hutan, akhirnya kami tiba di kampung yang mana kami diterima dengan ramah dan merasa disambut dengan segera. Selanjutnya saya menanyakan Puwul, seorang pemuda tersenyum yang sedang menggunakan baju kuning dan celana pendek datang berdiri di depan saya. Seketika itu saya mengenalinya, dan ketika saya bertanya melalui Wimmo dan Pilemon sebagai penerjemah, apakah dia mengakui saya, dia tertawa dan mengangguk positif.

Hampir semua dari penduduk kampung itu bisa mengingat saya dengan baik, meskipun setelah 10 tahun sejak saya terakhir datang di kampung itu. Semua orang di kampung itu datang dan ingin berjabat tangan dengan kami. Setelah itu mereka berdiri berkelompok kecil dan sedikit malu-malu saat memandang kami. Sedikit jauh dari tempat itu berdiri kakak perempuan pertama Puwul dan ia mengambil bayinya dari dalam noken dan mulai menyusui – dia tersenyum dengan bangganya ketika saya memandang anaknya.

Di tempat terbuka antara pondok, sekelompok wanita sedang mempersiapkan makanan dari umbi-umbian yang sudah matang dari bakar batu sebagai bentuk perayaan kunjungan kami.

Saya membawa salinan buku saya tentang "Dunia Puwul" yang saya berikan pada Puwul. Ketika saya berikan buku itu padanya, semua orang berkumpul mengelilingi kami. Tidak satupun dari mereka di kampung itu yang perna memiliki buku, dan ketika mereka mengenali diri mereka satu sama lain dalam buku itu, mereka gembira dan senang. Ayah Puwul masih sebagai kepala suku dan diberikan juga buku itu, dan duduk sedikit lalu ia melihat buku itu kemudian ia mengambil daun pisang kering dari dalam tas noken kecilnya yang selalu ia bawah. Ada foto dua, yang satunya sedikit berkuning adalah foto dirinya dan seluruh keluarganya, yang saya perna kirim 10 tahun lalu ke Pilemon dengan pesan supaya buku tersebut diberikan ke keluarga Puwul. Foto itu merupakan foto satu-satunya yang ada di kampung itu. Buku itu selalu ada di dalam tas noken kecil dari ayah Puwul.

Sebagai kampung tenang, saya berbicara dengan Puwul melalui Wimmo dan Pilemon. Puwul waktu itu masih 19 tahun sangat mudah dan dia adalah satu dari sekian laki-laki di kampung ini yang menggunakan baju kaos oblong dan celana pendek. Kebanyakan anak laki-laki dan pria dewasa di kampung itu masih menggunakan koteka sebagai satu-satunya pakaian, dan ayahnya menggunaka koteka, tetapi dililiti tali rotan disekitar tubuhnya. Ketika saya pertama kali bertemu Puwul, dia sebelumnya tidak pernah melihat orang kulit putih, dan setelah 10 tahun kemudian barulah saya mengetahui bahwa kampung ini belum ada orang kulit putih yang perna mengunjunginya.

Puwul mengatakan pada saya bahwa semua orang di keluarganya masih hidup dan keadaan baik-baik, selain satu saudara perempuannya, yang telah dibunuh setahun sebelumnya disaat gempa kuat, di mana dia telah terkena batu besar di kepala ketika dia ditempat terbuka disamping gunung yang curam disaat menanam ubi jalar dengan tongkatnya. Saya baru mengetahui bahwa kampung tua di rumah adat laki-laki yang sakral secara kebetulan terbakar beberapa bulan sebelumnya akibat sebuah bencana, terutama terhadap ayah Puwul yang masih percaya agama tradisional.

Akhinya, laki-laki dari kampung ini untuk sementara tinggal di pondok laki-laki sambil secara bersama bangun rumah adat laki-laki yang baru. Arsitektur dan bahan yang digunakan persis seperti sebelumnya, tetapi kampak batu tidak lagi digunakan sebagai alat-alat kerja – sekarang semua laki-laki memiliki kampak baja, dan memang saya tidak melihat satu kampak batupun.

Ketika saya bertanya Puwul, apa yang akan dia inginkan untuk masa depannya, dia menjawab tanpa ragu-ragu bahwa dia benar-benar ingin diizinkan untuk pergi ke sekolah di pusat misionaris di Angguruk, sehingga dia bisa belajar membaca dan menulis. Beberapa tahun sebelumnya, – ayahnya menyetujui bahwa dia boleh pergi ke sekolah belajar hanya untuk satu tahun, tetapi ketika tahun yang dimaksudkan berakhir, Puwul ingin melanjutkan sekolah, namun ayahnya bagaimanapun menentang keinginan anaknya itu karena dia ingin anaknya Puwul untuk tetap bekerja mengolah tanah di kampung, menjadi mahir memburu, menikahi beberapa istri dan memiliki babi peliharaan sendiri, sehingga dia layak disebut sebagai laki-laki dan dengan berjalannya waktu dia bisa mengambil alih menjadi kepala suku di kampung mengantikan ayahnya. Namun kata Puwul atas kemauan ayahnya ini, mereka berdua sering bertengkar karena Puwul tidak mau untuk hidup dengan cara yang sama seperti ayahnya.

Suatu hari kami diundang untuk mengunjungi kampungnya Pilemon, dimana kita makan dan tidur di rumahnya. Pilemon dibesarkan di pusat misi yang sangat religius, dan menjabat sebagai penginjil di sebuah kampung yang berjalan beberapa jam dari pusat misi, dimana disana ada gedung gereja. Dia tinggal disana dengan istrinya, Selina dan dua putri mereka, yang tertua di antaranya hamil. Rumahnya pondok kecil yang terbuat dari kayu dengan atap seng, yang dibangun dari tanganya sendiri beberapa tahun yang lalu. Di dinding digantungkan gambar Yesus, serta beberapa foto yang berusia 10 tahun yang warnanya usang menguning yang saya kirim dari kunjungan saya sebelumnya.

Beberapa meter dari rumahnya ada sebuah kampung dengan rumah laki-laki, yang ditinggali oleh kakaknya dengan beberapa orang laki-laki lainnya. Saudaranya itu tidak seperti Pilemon, dia masih memakai Koteka panjang dan tali rotan melingkar disekitar perutnya seperti laki-laki Yali lainnya, meskipun demikian, ada yang berpakaian dan berbeda keyakinan, tetapi mereka terlihat akur dan baik satu sama lain. Sebelum makan malam Pilemon mendeklarasikan bahwa dia mengadopsi kami sebagai saudara-saudaranya, dan kemudian ia memberkati makanan dengan doa pendek dalam bahasa Indonesia. Ketika kami selesai makan, ia menemukan setumpuk gaplek, sehingga sisa waktu malam kami duduk dan bermain kartu di atas meja kecil dengan penuh asap di rumahnya itu sambil minum teh ditemani cahaya beberapa lilin dan lampu petronas. Di malam itu dipenuhi dengan tamu diantaranya ada anak muda dari pusat misi yang membawa gitar dan bermain gitar pada malam itu.

Sepuluh tahun lalu kami perna memberikan setumpuk kartu kepada Pilemon dan kami juga telah mengajarkannya cara bermain "31" (sebuah permainan kartu Denmark). Saya harus mengatakan bahwa budaya kami pengaruhi dan meninggalkan jejaknya. Pada waktu itu ada sejumlah anak muda yang duduk di samping kami sekitar 5-6 orang yang ditemani lilin kecil di lantai dan bermain "31" dengan ramai. Mereka baru saja terpaku, dan kartu dibanting ke lantai sehingga Anda akan berpikir mereka tidak pernah menyelesaikan apapun. Mereka semua perokok, dan tiba-tiba ada anak muda yang malang menjatuhkan rokoknya ke dalam koteka yang rusak dari atasnya, maka apinya yang tiba didalamnya kena bagian inti dalam koteka itu, akibarnya anak itu secara alami melompat-lompat dan menari disekitar lantai yang membuat kami yang dalam rumah kecil itu tertawa berbahak-bahak sehingga atap rumah itu hampir terangkat ke langit.

Di hari berikutnya tepat pada hari Minggu, dan bersama Pilemon kami pergi mengikuti kebaktian di gereja kecil di kampung, yang tampaknya seperti gudang. Di gereja itu tidak ada bangku atau kursi, jemaat duduk di tanah yang dialasi rumput tipis secara tradisional. Pria masuk kedalam gereja dan duduk dibagiannya, dan bagian lain adalah bagi wanita, dan terlihat cukup ramai duduk di lantai. Kemungkinan yang masuk hari itu sekitar seratus orang pria dan wanita. Yang melayani pembukaan ibadah itu seorang penatua yang berdiri dan berkhotbah dengan anak kecil ditangannya. Di lantai didepannya sekelompok anak-anak kecil bermain, sementara bayi merintih dan ibu mereka memberi mereka ASI. Sementara pria tua yang duduk di samping saya mulai hilang kendali dan tidak fokus dengan apa yang disampaikan didepan dan kepalanya mulai ternggangguk-nangguk dan mulai ngorok. Mereka menyanyi dan berdoa, tetapi setelah setengah jam satu bisa merasakan ketidaksabaran terjadi dalam gereja, dan segera setelah ibadah berakhir langsung keluar. Sebelum pergi kami tinggal dengan Pilemon beserta keluarganya selama beberapa hari. Rencananya kami berjalan lebih jauh dari Angguruk, ke daerah dimana saya tidak pernah pergi. Kita punya tenda, tas tidur dan persediaan yang cukup tersedia.

Baru-baru ini di beberapa daerah, hutanya telah ditebang dan ladangnya telah dibuat bahkan di lereng gunung, akibatnya di beberapa tempat itu berakhir dengan tanah longsor dan erosi. Ketika kita berdiri di titik ketinggian dan menghadap ke daerah yang dihuni masyarakat, asap bisa terus-menerus dilihat dari hutan yang dibakar. Waktu itu mesin sensor kayu memang belum digunakan, namun tanpaknya jelas dipengaruhi berdasarkan fakta bahwa orang-

orang sekarang bukan jaman kayu dan batu, tetapi sekarang mulai menggunakan alat yang moderen seperti cangkul, sekop, linggis dan parang untuk membuka lahan baru. Dimanapun kampung berada, hutan akan didorong untuk diolah kembali. Itu merupakan medan kasar. Suatu hari ia naik ke atas, dan ke atas – dari pagi hingga sore. Dan berikutnya ia turun, turun dan turun – hingga kedalam jurang dimana sungai di beberapa tempat memiliki bendungan karena tanah longsor dan gempa bumi yang telah mengirim tumpukan tanah berlumpur, batu-batu dan pohon-pohon besar menuruni lereng gunung. Sebuah jembatan gantung tua hanyut akibat lonsor itu, sehingga ketika melangkah di medan lorong dan jurang wajib berkonsentrasi penuh. Sebagian besar waktu di pegunungan diselimuti hujan – awan dan kabut tebal yang jarang dan sekilas saja terbuka sedikit untuk matahari bersinar, sehingga pemandangan megah terkena dalam semua binal dan keindahan tak terlukiskan. Disaat hujan kami sempat basah kuyup, becek dan berair, sehingga pakaian menempel pada tubuh. Dari lutut hingga ke celana dan sepatu lumpur terendam dengan lumpur, dimana jalan yang kami lalui bercampur aduk, berlumpur, licin dan akar-akar pohon. Terkadang hal itu sangat diperlukan untuk mendaki tetapi juga disaat kembali turun, terutama disaat menempatkan pijakan atau keseimbangan, dan tidak jatuh dan terselip supaya tidak hilang.

Disuatu malam kami harus menginap di tengah hutan disaat hujan lebat, ketika pagi hari berikutnya bangun kami basah kuyup, kantong tidur kami tergenang air seperti danau kecil, dan dipenuhi dengan lintah hitam, beberapa membesar dengan darah karena tertempel kuat di kaki kami.

Di beberapa tempat kami berpetualang melalui hutan rimba yang jalanya begitu padat ditumbuhi rerumputan, jadi kami sambil jalan harus memotong dengan parang. Ada banyak lumut karena daerahnya sangat lembab, pakis, tanaman merambat dan ribuan spesies flora lainnya. Pulau New Guinea memang kaya akan tanaman yang penting yang setidaknya ada sekitar 16.000 spesies, dari 2.770 spesies berbeda termasuk Anggrek. Kemungkinan sangat besar keberadaannya dari berbagai spesies seperti, burung, Reptil, Marsupial (Sejenis kanguru tetapi memiliki kantung anak), Amfibi dan berbagai jenis spesies yang tak terbatas semacam serangga. Fauna di New Nugini berhubungan erat dengan Australia, hewan yang diketahui dari Asia seperti Rusa, Monyet, Badak, Gajah dan Harimau - Mereka tidak ditemukan di sini, kecuali jika mereka dilepas oleh manusia. Sebaliknya disini dihuni oleh burung Cenderawasih, Ekidna (Moncong panjang), Biawak Besar, dan Kanguru yang memanjat pohon, serta sejumlah spesies lain yang masing-masing dengan ciri khas mereka dengan cara hidupnya, termasuk Megapoda (brushturkeys) yang seperti buaya bertelur di sarang besar – biasanya mereka membuat gundukan dari tumbuhan yang membusuk dan membiarkan fermentasi panas menetas pada mereka. Namun, jumlah hewan tersebut yang kami lihat sangat terbatas. Kami hanya mengertak tentang banyaknya hewan. Orang-orang yang mengikuti kami, sering sekali membuat lagu yang terdengar dari kejauhan beberapa mil terpecah, seperti Wimmo saat memimpin perjalanan dengan pisau hutan, dengan keras membuat jalan. Kami melihat beberapa burung Cenderawasih, beberapa burung Toucan (Sejenis burung di Amerika Selatan), dan berbagai jenis burung dan ular lainnya. Memang tidak banyak hewan secara umum. Ketika kami tiba di salah satu kampung, kami disambut dengan sangat ramah. Kami sempat membawa garam dan tembakau sebagai hadiah buat orang-orang di kampung itu. Kami juga diizinkan untuk membuat tenda kami di kampung itu tanpa ada keberatan.

Semua orang ramai-ramai mendekat dan mengelilingi disekitar kami dan mereka sangat penasaran dengan ransel yang kami bawa dan mereka mewanti-wanti kapan ransel-ransel itu akan dibuka, dan ternyata kamipun membuka dan memulai dengan membongkar tenda. Melihat itu, beberapa anak kecil menjadi takut dan memeluk ibunya sambil berteriak ketakutan. Tidak ada seorang pun di kampung itu yang pernah melihat sebuah tenda saat diset untuk digunakan. Sehingga selama proses perakitan dilakukan mereka heran-heran. Dan waktupun sudah mulai gelap, maka saya menggunakan senter lampu kepala, disaat yang sama saya menyalakannya, yang mengakibatkan ketakutan yang dasyat dari mereka. Beberapa wanita dan sebagian besar anak-anak muda pergi dari situ sambil berteriak ketakutan, karena melihat pria putih tiba-tiba memancarkan cahaya dari dahi. Tetapi akhinya mereka segera kembali, karena mereka tidak ingin melewatkan momen pertunjukan itu. Selanjutnya, disaat kami berbaring di tenda dan mengeluarkan gulungan tikar (Sleeping mat), seluruh warga kampung duduk diluar pintu masuk dan mengikuti setiap langkah kami. Di barisan depan dudukhlah anak-anak kecil, sementara yang sedikit dewasa dan orang tua dibelakang seolah-olah mereka menyaksikan pertunjukan teatrikal.

Suatu malam ketika ada perasaan tenang di kampung itu, mendengar suara seorang pria menyanyi di rumah adat pria dari kejauhan disaat kami sedang berbaring dalam kegelapan. Kemudian, disaat saya membuka tenda, saya melihat bayangan hitam gunung-gunung yang muncul di bawah terangnya bulan purnama. Indahnya seorang pria, lagu-lagu polifonik bergema dikeheningan malam yang dicampur aduk dengan nyanyian suara Jangkrik, Katak yang menguak dan suara air terjun yang menderu memukul bantaran batu di jurang hutan di bawah kampung itu.

Beberapa hari kemudian kami kembali ke Wamena, dimana saya membuat beberapa persiapan terakhir dengan agen perjalanan lokal sebelum kami terbang ke Bali, seperti yang direncanakan Stig untuk mengakhiri liburan di Papua Barat dan kembali ke Denmark. Beberapa hari kemudian saya menyambut kelompok kecil dari Denmark di Bali, yang mestinya saya menjadi pemimpin tur disaat ekspedisi tiga minggu di bagian Papua Barat yang saya belum pernah datangi. Perjalanan itu direncanakan bekerjasama dengan salah satu teman saya di Denmark, yang mengelola sebuah agen perjalanan yang khususnya menangani perjalanan paket ekspedisi wisata ke sudut dunia yang terpencil. Saya belum pernah ke daerah dimana perjalanan itu akan dilangsungkan, tetapi sejak teman saya membuat perjanjian dengan seorang agen perjalanan professional yang ia temui pada pameran terbesar perjalanan internasional, sehingga saya berpikir semua hal akan baik-baik saja. Terutama dimana tugas utama saya akan menjaga grup tetap bersama-sama dan berkomunikasi, menerjemahkan bahasa Inggris ke bahasa Denmark dan juga menyediakan hal-hal yang diperlukan sepanjang perjalanan ini, sehingga peserta mendapatlan pengalaman yang baik dan merasa puas diakhir perjalanan nanti. Oleh karena itu, saya dengan senang hati menyetujuinya untuk menjadi pemimpin tur karena juga itu menjadi pekerjaan yang menarik, juga barangkali membuat finansial saya. Baiklah saya berpikir untuk menyelesaikan perjalanan ini, lagian biaya tiket pesawat, akomodasi dan makanan yang disediakan di sepanjang perjalanan akan dibayar.

Grup ini terdiri dari lima orang Denmark, termasuk satu pasangan yang sudah menikah dan dua pria lajang serta seorang wanita lajang yang tidak mengetahui satu sama yang lain. Saya telah membaca banyak tentang daerah dimana kita akan ambil bagian dalam perjalanan ini dan sebelum meninggalkan mereka saya bertemu dengan mereka semua dan menceriterakan sedikit tentang situasi di Papua

Barat, serta memberikan beberapa informasi praktis. Semua orang dalam kelompok itu sangat berkomitmen dengan perjalanan ini dan memberi kesan baik dari kondisi fisik mereka sehingga dapat menyelesaikan perjalanan nanti. Sebelumnya, satu orang dalam grup ini perna berkunjung ke Papua Barat dan melakukan perjalanan individu di sekitar Lembah Balim. Mereka semua sangat bersemangat menjumpai penduduk pribumi di hutan rimba. Sebagian dari mereka merupakan mimpi sepanjang hidupnya yang sekarang sedang digenapi. Dalam anggota grup ada seorang dokter gigi, perawat, guru dan dua pengrajin yang selama beberapa tahun menabung untuk perjalanan ini, yang akan dilakukan dengan perahu kayu di kali yang belum dijelajahi di bagian dataran rendah hutan rimbah selatan pegunungan Jayawijaya.

Rencananya awal berangkat dari Wamena, tetapi pertama kami harus diterbangkan ke pusat misi di Momuna – daerah suku, di mana kami akan mendaki ke sebuah kampung di mana disana ada perahu kayu dan pendayung yang bersedia membantu kami dalam perjalanan lebih lanjut ke Brazza – dan melalui sungai Becking ke Momuna, Cain, Kombai dan Korowai – daerah suku, dan kemudian dengan perahu motor ke Wilayah Asmat di Pantai Selatan.

Pada beberapa tahun pariwisata bertumbuh cepat di Papua Barat, dimana agen perjalanan internasional mulai mengatur perjalanan dan akomodasi hotel di Wamena termasuk perjalanan di sekitar Lembah Balim, tetapi juga lebih berorentasi ke tur ekspedisi di pegunungan dan ditempat lain juga sudah dimulai. Di tahun-tahun sebelumnya, belum ada kontak dengan empat suku di Papua Barat yang "ditemukan", termasuk suku Fayu, yang pertama kali kontak mereka dengan dunia luar pada tahun 1994, dan hidup sebagai pengembara jauh di hutan rimbah di Sungai Mamberamo Hulu di dataran utara dari pegunungan. Bahkan ke tempat-tempat seperti ini juga bisa diatur untuk tur dan wisatawan yang bersedia untuk membayar ongkos.

Agen perjalanan yang berurusan dengan bagian perencanaan adalah seorang pengusaha Indonesia yang sempat membuat saya kecewa besar, karena tidak terlalu populer di daerah setempat sejak dia memiliki hubungan dekat dengan polisi. Setelah beberapa tahun tinggal di New Guinea, akhinya ia menetap di Wamena, dimana ia memiliki sebuah rumah makan dan sebuah hotel yang kami tempati.

Semuanya telah diatur terlebih dahulu dan agen perjalanan itu telah dibayar US $3000 setara (Rp39.917.975) secara tunai, termasuk semua harga yang disepakati antara dia dan agen. Tetapi di waktu awal-awal kami dirundung nasib buruk dan kecelakaan, sehingga kami harus benar-benar mengubah rencana awal. Paginya kami akan diterbangkan ke pusat misi di Momuna – daerah suku dengan misi perusahaan pesawat kecil yang telah beberapa minggu lalu sudah dipesan, meskipun istri dua pilot tewas dalam kecelakaan lalu lintas di Jayapura, yang berarti bahwa semua penerbangan hari itu dibatalkan. Para peserta jelas sangat kecewa, tetapi memang tidak bisa beruba dengan kecelakaan tragis itu. Selanjutnya setelah beberapa minggu, semua penerbangan telah dibooking, sehingga tidak mungkin lagi untuk menyewa pesawat. Waktu itu hanya ada empat pesawat Cessna yang beropersi di seluruh daerah tinggi. Sebagai gantinya kami terpaksa memutuskan untuk berjalan dari Wamena ke Angguruk mengikuti rute yang sama dilakukan oleh misionaris pertama ke Angguruk, disaat mereka 35 tahun sebelumnya memasuk Wilayah Yali dan mendirikan stasiun misi di Angguruk.

Akan tetapi, agen perjalanan dari Indonesia itu tidak dapat mengatur ekspedisi seperti dalam pemberitahuan waktu singkat. Apalagi, kata dia karena suku bunga di bank tinggi dia menghabiskan beberapa uang yang saya bayar padanya untuk menutupi ketidakcukupuan sehingga ia hanya bisa mengembalikan 1/3 dari jumlah yang kami bayar, untuk itu kejadian ini sangat mahal di sungai dataran rendah Selatan dari pegunungan. Tetapi sejak dia kembalikan uang, kelihatannya bisa untuk mengangkat barang menuju Angguruk. Saya menawarkan Wimmo untuk mengantar tamu ke Angguruk, termasuk merekrut koki dan porter. Wimmo sangat senang untuk tugas ini, dan kemampuan bakat pada jaringannya sangat luas dan berhasil dalam beberapa hari untuk mengatur ekspedisi bersama dengan beberapa temannya. Sehari sebelum kami jalan, Wimmo mengadopsi saya sebagai saudaranya dan bersama kelompok lain, kami mengadakan sebuah pesta dengan beberapa teman dan keluarganya di kampung yang kami habiskan sepanjang hari. Disana dua orang sedang menari, menyanyi dan menyembeli babi dengan busur dan panah. Daging babi akan menjadi bagian dari pesta, yang bersama-sama dengan ubi jalar dan berbagai jenis makanan lainnya yang dimasak di bakarbatu. Ayah Wimmo memiliki putra lain mengatakan; pada satu poin bahwa ia membutuhkan lebih banyak kekuatan laki-laki untuk menangkap babi jantan kemudian bisa dikebiri. Sementara babi menjerit dan berontak sehingga orang bisa mendengar secara luas di seluruh kampung sekitarnya. Babi ditahan kuat oleh 8-10 orang laki-laki. Kemudian sebelum babi dilepas, luka kebiri tersebut disiram dengan cairan cokelat, setelah buah sakar yang terbungkus dalam daun pisang dan ditempatkan ditempat masak antara batu-batu panas bersama bagian lain dari daging babi. Beberapa jam kemudian, babi yang dikebiiri berjalan disekitar kampung sambil mendengus di kampung, sementara beberapa orang duduk sedikit jauh dan makan buah sakar yang dikebiri itu.

Kemudian, terjadi gempa bersamaan juga terjadi kecelakaan sebuah pesawat. Pendakian menuju Wilayah suku Yali merupakan perjalanan yang sangat sulit selama delapan hari, dimana sebagian besar waktu akan kami lalui dengan berjalan kaki, memanjat atau merayap melalui gunung yang ganas dan pemandangan yang luar biasa dan padatnya hutan, dimana disana diyakini belum perna orang lain datangi. Tetapi setelah dua hari perjalanan, lima orang porter atau kuli pergi tinggalkan kami. Menurut dugaan karena mereka tidak lagi ingin mengambil bagian dalam ekspedisi kami ketika mereka mendengar kami berencana melalui jalan dikampung suku Yali yang lain di daerah yang mereka anggap musuh. Di hari ketiga, salah satu pria Denmark dalam grup itu harus menyerah karena diare dan kembali ke Wamena disertai dengan empat kuli. Yang tersisa di hutan rimba lima orang Denmark – bersama dengan Wimmo juru masak dan sisanya 11 kuli lengkap kami lalui jalan dengan penuh jurang sepanjang rute yang menyebabkan lebih dari 3.000 meter di atas permukaan laut dan pergi melalui kedua Wilayah Dani, Mori dan Yali. Lima kuli yang pergi diawal tadi berarti persediaan atau bekal makanan di kami tidak cukup, sehingga begitu berakhir dari perjalanan kami, makanan kami habis.

Sebagian besar waktu dicurahi hujan, dan dimalam hari cuaca dingin di seluruh daerah pegunungan itu. Bencana wabah sakit juga terus melanda kami, dimana malamnya seorang perempuan dalam grup itu kedua kakinya terbakar air mendidih dari dalam panci yang terbalik dari tiang disaat kami duduk disekitar api untuk merauh kaki dan badan. Hal itu terjadi di pondok kecil di hutan yang dibangun dengan berani dimana yang terkesan karena dalam waktu singkat dengan ranting kayu, liana, pakis dan kulit kayu – Wimmo dan beberapa kuli berkomitmen untuk tebang sambil membangunnya. Kami duduk di pondok itu sambil menyanyi. Kaki yang terbakar tadi menjadi bengkak dan cairannya keluar. Dengan bantuan perban dan dua kuli, wanita itu didukung dan berjalan, sehingga ia bisa mengakhiri perjalanan itu. Tidak ada bantuan dari luar, akhirnya tidak ada pilihan lain kecuali melanjutkan perjalanan. Sebagian besar perjalanan itu diselimuti hujan, sehingga tanah yang kami lewati dipenuhi dengan lumpur dan pembusukan tumbuh-tumbuhan yang membuatnya luar biasa sulit untuk bergerak ke bagian tanah tempat yang kering, terutama dengan luka bakar di kedua kaki. Di beberapa tempat, ada tanah longsor yang disebabkan karena gempa bumi, maka kami harus menggunakan tali untuk menuruni gunung yang curam dimana tanah longsor di lereng gunung itu merosot dan akibatnya berlumpur, berkelok, pohon dan akarnya. Kami terus bergerak perlahan, karena sedikit-sedikit luka bakarnya kesakitan.

Ketika kami tiba di Angguruk, dokter dari Indonesia memotong kulit yang terluka bakar, dimana yang sudah terinfeksi, jadi dia harus mendapatkan pengobatan dengan obat penisilin. Pada waktu bersamaan, putri tertua dari Pilemon dan Selina melahirkan bayi putri dengan sehat, dimana ada kebahagiaan besar diantara kondisi kecelakaan waktu itu. Ketika akhirnya kami hendak diterbangkan ke Wamena melalui udara, sekali lagi jadwalnya kembali tertunda seperti yang kami alami sebelumnya karena kecelakaan lain. Kali ini salah satu pesawat misi kecil yang harus membuat pendaratan di tepi sungai di hutan, jadi setelah itu hanya ada tiga pesawat kecil yang beroperasi di daerah pegunungan. Saat itu bersama Wimmo, salah satu peserta dengan istrinya dan saya berada di ruang radio VHF kecil di pusat misi mendengarkan orang menjerit dan pilot berdoa kepada Tuhan dengan rasa sakit yang parah di dalam pesawat yang macet sementara ko-pilot dengan kaki patah dan rusuknya yang sakit menunggu bantuan Helikopter datang.

Setelah hampir satu minggu menunggu di Angguruk, kami akhirnya kembali ke Wamena. Situasi politik untuk perang saudara sudah mulai pecah di Indonesia. Ketika kami duduk dan makan di sebuah restoran, kami tiba-tiba melihat berita di televisi yang menyiarkan tentang demonstrasi besar-besaran di Jakarta, dimana ada api yang menyala di jalan-jalan dan bentrokan berdarah. Agen perjalanan Indonesia itu menjelaskan kepada kami bahwa ada terjadi revolusi di Indonesia untuk mengulingkan kediktatoran Presiden Suharto. Mungkin akan digulingkan, sehingga situasi Indonesia dianggap seperti bom waktu yang siap meledak. Tentara dan polisi mulai bertindak kelewat batas, keadaan darurat dan infrastruktur tidak stabil. Agen perjalanan itu menasehati kami supaya secepatnya keluar dari Indonesia, karena ada resiko terjadi perang saudara disana. Saya sebaliknya mengingatkan kepadanya mengenai utang kami yang sangat sebesar US $ 2.000, setara Rp25.000.000 yang dibayar para peserta perjalanan ini dalam bentuk tunai yang belum kami gunakan, ia berjanji bahwa kami akan mendapatkannya di Jayapura ketika tiba di Sentani. Tetapi bankir itu tidak pernah muncul di Sentani, sehingga perjalanan berakhir dengan biaya biro perjalanan Denmark sementara uang sebesar US $ 2.000, setara Rp25.000.000 itu tidak pernah dikembalikan hinga kami pulang.

Sementara, perjalanan kami dari Wamena ke Sentani menggunakan pesawat kargo, dimana kami duduk di lantai di dalam pesawat antara kotak barang dan bagasi. Kemudian, ketika kami tiba di Bali, kami harus mendapatkan pernerbangan di Bandara Internasional, dan di terminal keberangkatan orang semua pada panik, dimana semua orang berusaha satu sama lain untuk secepat mungkin mendapatkan kursi di pesawat dan secepat mungkin keluar dari Indonesia.

Papua Merdeka

Beberapa tahun lamanya sebelum saya kembali ke pulau New Guinea, di tahun-tahun itu kediktatoran Presiden Soeharto jatuh pada tahun 1998 dan mulai diperkenalkan dengan demokrasi di Indonesia. Hal itu kesan pertama saya bahwa Papua Barat tentunya diberi tingkat Otonomi tertinggi setelah negara mencapai apa yang disebut dengan "Otonomi Khusus" – status yang diberikan Negara Indonesia pada tahun 2000 kepada Papua Barat, yang antara lain diperbolehkannya untuk mengibarkan bendera Bintang Kejora, tetapi hanya untuk waktu yang singkat, dan kemudian sejak itu tidak perna lagi memberi ijin hingga saat ini.

Ada kerugian besar bagi Papua Barat dimana mereka kehilangan satu pemimpin mereka, yaitu Theys Hiyo Eluay, seorang pemimpin besar Papua Barat yang lahir pada tanggal 3 November 1937 dan dibunuh pada tanggal 3 November 2001 oleh tentara Indonesia. Theys Hiyou Eluay dimakamkan di Papua Barat tanpa hatinya, dimana polisi Indonesia mengumumkan kepada publik bahwa hati Theys diisi dalam kotak dan dikirim ke Jakarta, hingga hari ini belum pernah kembali.

Selain itu juga kerugian besar terjadi terhadap Arnold Ap, Dr. Thomas Wainggai, Kelly Kwalik, Mako Tabuni dan banyak pemimpin Papua Barat lainnya yang selama bertahun-tahun dibunuh secara brutal oleh pasukan pendudukan Indonesia dan masih banyak lagi yang disiksa dan dipenjarakan sebagai tahanan politik. Beberapa wartawan internasional juga telah dilikuidasi, antara lain, wartawan Australia Mark Worth, yang ditemukan telah mati karena keracunan di sebuah hotel di Jayapura, hanya seminggu sebelum film dokumenternya "Tanah dari Bintang Fajar" atau Land of the Morning Star yang ditampilkan di TV Australia pada Februari 2004. Setelah film itu ditampilkan tidak lama kemudian selama dua malam terjadi serangan. Sebanyak 200 tentara Indonesia dikirim ke Papua Barat untuk membunuh seorang pemimpin Papua Barat yang telah membintangi film tersebut, di samping itu 10 warga Papua lainnya juga menjadi target mereka, yang sebagian besar ditembak ketika mereka sedang tidur.

Saya tidak mengikuti semua kejadian ini karena waktu itu saya tidak memiliki akses Internet, tetapi saya senang karena saya membaca catatan kecil di surat kabar bahwa Papua Barat pada tahun 2000 telah berstatus "Otonomi Khusus", dimana saya melihat bagian ini sebagai tanda positif bahwa Papua Barat bergerak menuju kemerdekaan. Sebenarnya saya harus mengakui bahwa saya tidak perlu lagi bertanya-tanya tentang apa yang terjadi di daerah ini, saya sibuk dengan hal-hal lain termasuk pekerjaan dan perjalanan di Afrika, dimana saya menikah dengan seorang perempuan Afrika sejak saya bercerai dengan istri saya. Waktu berlalu dan Papua Barat menjadi jauh dari pikiran saya, tetapi tiba-tiba pada suatu hari ketika saya sedang menjelajah internet untuk membantu mahasiswa menemukan bahan-bahan tugas mengenai masyarakat adat, tiba-tiba saya melihat gambar yang paling mengerikan dari tentara Indonesia yang duduk dan berpose dengan orang asli Papua Barat yang telah mereka tembaki dengan senjata seperti binatang dan seperti sehabis memburu trophy.

Ketika saya mulai merenungkan diri mengenai apa yang sebenarnya terjadi, saya menyadari bahwa situasi di Papua Barat sama sekali tidak tenang. Pada awalnya, saya harus mengakui bahwa saya merasa sulit untuk percaya bahwa itu semua benar, tetapi saat saya melihat lebih jauh situasi ini saya menyimpulkan bahwa ini tidak berarti dengan kasus ini. Dan bukti itu luar biasa dan tidak dapat diabaikan. Saya sangat terkejut dan tidak bisa hanya berpangku tangan dan tetap siaga, mengetahui bahwa saudara-saudara saya di Papua Barat yang direbus, dibakar, diracun, ditembak, kelaparan, dikuliti, diperkosa, terinfeksi AIDS dan disiksa dengan cara yang paling mengerikan. Saya membaca juga laporan tentang ibu hamil yang perut mereka dirobek terbuka lalu janin mereka dipotong-potong dan masih banyak lagi. Selain itu, saya melihat video di YouTube, dimana penduduk asli Papua Barat menangis meminta bantuan dari Negara-negara Barat untuk menyampaikan ke dunia untuk mengetahui tentang apa yang terjadi di Papua Barat. Saya sendiri tidak bisa hanya mendorong semua ini terjadi begitu saja dan lakukan seperti tiga monyet yang terkenal, saya lakukan sesuatu walaupun itu kecil. Tidak melihat kejahatan, tidak mendengar kejahatan, bicara tidak jahat. Tidak peduli seberapa jauh itu dan tidak peduli seberapa banyak hal buruk lainnya yang dinyatakan terjadi di seluruh dunia, jadi saya harus melakukan sesuatu untuk mencoba dan membuat sesuatu dengan sumbangan kecil seperti menyebarkan pesan tentang situasi Papua Barat. Setelah itu saya terlibat di Kampanye Papua Merdeka atau Free West Papua Campaign, dimana sebagian besar dukungan internasional adalah bagaimana menciptakan kesadaran melalui internet, terutama Facebook.

Sebelumnya, saya belum pernah terlibat sebagai aktivis atau melibatkan diri di politik, bahkan ketika saya masih muda. Tetapi untuk saat ini benar-benar melibatkan diri saya. Saya ada kontak person dengan orang di Papua Barat, termasuk beberapa orang lain yang tinggal di pengasingan di Inggris. Dengan cara ini, saya bisa terhubung ke Kampanye Papua Merdeka, dimana kampanye internasional yang dipimpin oleh pemimpin suku dan pejuang kemerdekaan Papua Barat, Benny Wenda, yang melarikan diri dari penjara di Abepura, Jayapura Papua Barat dan melalui bantuan HAM dan pengacara Australia, Jennifer Robinson pada tahun 2003 diberikan suaka di Inggris bersama keluarganya. Saya sangat bersimpati atas posisi Benny Wenda untuk memperjuangkan bagi pembebasan Papua Barat. Banyak orang di dunia telah membandingkan Benny dengan Nelson Mandela, walaupun ia sendiri hanya bisa bermain Ukulele. Pada tahun 2013, Benny Wenda dinominasikan untuk hadiah Nobel Perdamaian bersama-sama dengan Filep Karma, yang pada waktu itu masih di penjara Papua Barat, di mana ia telah dihukum 15 tahun penjara karena mengibarkan bendera Bintang Kejora.

Mereka telah mendedikasikan hidup mereka hanya untuk berjuang tentang kebebasan dan perdamaian dan keadilan di Papua Barat. Sejak itu tidak ada orang Denmark yang mengkampanyekan kemerdekaan Papua Barat, sehingga setelah saya mendapat lampu hijau, saya langsung memulai dengan akunt facebook dengan nama Kampanye Kemerdekaan Papua Barat Denmark atau Free West Papua Campaign Denmark. Ada banyak kebutuhan dan bantuan yang perlu dimobilisasi, pertama dan paling utama adalah bagaimana mengkampanyekan isu atau situasi di Papua Barat kepada banyak orang untuk mereka bisa menyadari mengenai apa yang sedang terjadi di Papua Barat, karena saya sedikit tahu tentang tata letak geografis. Saya membuat poster yang dibagikan secara internasional di media sosial, dimana beberapa dari poster-poster itu telah digunakan saat demonstrasi di Papua Barat. Banyak gambar saya yang lama yang dipindai secara digital dan diterbitkan dalam konteks yang saya tidak pernah bayangkan. Tanpa mendapatkan reaksi sedikit pun, saya juga menulis email ke PBB, CNN, BBC, politisi, dan segala jalan yang bisa maju, terutama di media di Denmark. Apalagi setelah mantan Menteri Perdagangan dan Investasi Denmark secara resmi berkunjung ke Jakarta (pada awal Maret 2013) sebagai kepala delegasi bisnis Denmark dan atas nama Pemerintah Denmark dan dia menyumbangkan 50 juta dolar AS (dari uang pajak warga Denmark) selama lima tahun untuk Indonesia, jadi Denmark seperti banyak negara-negara Barat lainnya memberikan kontribusi untuk mensponsori sebuah bangsa yang melakukan genosida di Papua Barat. Untuk saya, tindakan itu tampaknya benar-benar gila ketika ada negara-negara yang jauh lebih miskin terbelakang dibandingkan Indonesia, yang merupakan negara kuat dengan pertumbuhan ekonomi – tetapi tidak sedikit karena perampokan sumber daya alam Papua Barat.

Korespondensi antara kita sangat pendek, meskipun berulang kali saya mencoba melanjutkan korespondensi dengan memberitahukan banyak rincian, tetapi menteri masih memilih untuk mengabaikan masalah di Papua Barat. Saya juga mengirim beberapa email ke Menteri Luar Negeri Denmark, seperti saran saya dalam evaluasi resmi Denmark tentang situasi di Papua Barat, tetapi tetap saja sama dengan tidak memberi tanggapan sama sekali. Kurang dari dua bulan kemudian, pada tanggal 1 Mei 2013, saya berdiri di bawah kerlip bendera Bintang Kejora dengan megafon di Kopenhagen "Faelledparken" Denmark dan berbicara tentang genosida kepada orang yang duduk di rumput dengan 30.000 orang Denmark pada ulang tahun ke-50 pendudukan Indonesia di Papua Barat sejak 1 Mei 1963. Pada Hari Buruh saya berbicara kepada banyak orang Denmark tentang Papua Barat, tetapi itupun hanya sedikit orang yang tahu dimana Papua Barat, sementara sebagian besar belum pernah mendengar tentang hal itu dan tidak tahu dimana lokasi Papua Barat itu di dunia ini. Tetapi, dengan upaya yang saya lakukan hari itu ada empat pendukung baru yang bergabung di Facebook. Satu-satunya yang tulus memberi dukungan adalah, seorang pria tunawisma yang bernama Leo, yang sejak menjadi koordinator dari Free West Papua Campaign Denmark sangat tenang dan berkomitmen dalam kegiatan West Papua Campaign Denmark di Internet.

Beberapa bulan setelah saya mulai melibatkan diri dalam Kampanye Papua Merdeka, saya tahu saya akan kembali ke Pulau New Guinea. Melalui kontak saya di Inggris, saya telah mencoba untuk terhubung ke salah satu saudara angkat saya di Papua Barat, tetapi tidak berhasil. Beberapa tahun sebelumnya dia telah memutuskan untuk bergabung dalam gerakan kebebasan, jadi saya pikir mungkin dia telah dibunuh setelah mencoba berulang kali gagal melacaknya oleh kontak saya di Inggris. Segera saya menemukan bahwa saya harus berhati-hati dengan apa yang saya lakukan di Internet. Dua kali komputer saya diretes dan layar menjadi hitam, dan tiga kali saya mendapat ancaman kematian dari Indonesia yang tidak suka atas apa yang saya sedang lakukan dan menulis. Sementara, saya telah melakukan banyak perjalanan berkali-kali ke Indonesia, dan banyak mengetahui bagian dari kepulauan besar di Indonesia, seperti daerah Sumatera, Jawa, Bali, Nusa Tengare, Sumba, Sulawesi dan Maluku. Di hampir semua daerah di Indonesia, saya telah bertemu banyak orang berbeda dengan kebaikan mereka. Saya bertemu banyak orang dan mereka sangat ramah di sekitar kepulauan besar yang mungkin jika digambarkan baik sebagai sekumpulan pulau yang terdiri dari banyak daerah dan budaya yang sangat berbeda, bahasa, agama dan kelompok etnis, yang dikelola oleh pemerintahan terpilih secara demokratis di ibukota Negara Jakarta yang terletak di pulau Jawa. Dimana 60% dari penduduk Indonesia sebanyak 250 juta orang hidup. Seperti yang digambarkan dalam film dokumenter nominasi Oscar Denmark tahun 2014, "The Act of Killing" oleh Joshua Oppenheimer bahwa sejarah nasional yang berdarah.

Di Indonesia ada berbagai gerakan separatis, termasuk Kalimantan (Borneo), Maluku, Sulawesi, Sumatera, dan lain-lainnya. Pemerintah pusat di Jakarta ingin Negara Kesatuan Republik Indonesia (NKRI) tetap utuh dari Sabang di bagian Barat Indonesia hingga Merauke di bagian Timur, seperti yang perna ada di bawah kekuasaan kolonial Belanda yang berakhir pada tahun 1949. Begitu setiap pulau di kepulauan mencapai kemerdekaan, maka kemungkinan besar banyak yang ingin merdeka dan NKRI otomatis dengan daerah kepulauannya akan berkurang, yang berarti pertumbuhan ekonomi di Jakarta berkurang. Banyak pulau-pulau yang penduduknya sedikit memiliki sumber daya alam yang berlimpah kaya dan ruang lingkup untuk pertumbuhan penduduk meningkat, dimana di beberapa bagian nusantara disambut dengan perlawanan dari penduduk setempat. Sementara, pembunuhan secara rahasia atau Genoside di Papua Barat telah berlangsung selama lebih dari 50 tahun, sejak daerah itu diserbu Pemerintah Indonesia melalui kekuatan militer pada tahun 1962. Di Papua Barat tetap menjadi daerah tertutup bagi wartawan internasional dan organisasi hak asasi manusia asing yang bebas dan independen. Wisatawan tak bisa bebas bepergian, kecuali mengantungi izin perjalanan yang dikeluarkan pemerintah untuk mengunjungi daerah-daerah tertentu, misalnya, wisatawan tidak diperbolehkan mendekati tambang Grasberg atau daerah bermasalah lainnya. Kemudian, Genosida yang sedang berlangsung yang telah digambarkan sebagai "Pembunuhan di kawasan rahasia secara sistematis dari Indonesia" atau *The secret slow motion killing fields of Indonesia,* telah berlangsung lebih dari 50 tahun, akhirnya lebih dari setengah juta orang dan ribuan orang melarikan diri ke pengasingan.

Sudah mejadi tahap awal komitmen saya, bahwa timbul keinginan untuk kembali ke Papua Barat. Oleh karena itu, saya menemukan apa yang harus saya lakukan untuk mengubah nama asli saya ke nama palsu dan menganti gambar saya supaya tidak dikenali. Sementara, kegiatan saya di halaman Facebook Free West Papua Campaign sering dipantau intelijen Indonesia. Karena itu saya bekerja menyamar di internet, sehingga saya tidak ditangkap dan ditembak ketika saya ke Papua Barat. Sebenarnya itu tidak realistis untuk memikirkan perjalanan ke Papua Barat, karena saya tidak punya uang karena saya telah kehilangan pekerjaan saya sebagai pemandu alam yang independen karena sakit yang saya alami dalam jangka waktu panjang dan ini merupakan bagian dari hasil beberapa operasi yang membuat saya sedikit cacat. Dan perjalanan itu bisa terlaksana ketika saya memiliki ide untuk menjual satu-satunya barang saya yang memiliki nilai jual bagus. Oleh karena itu, saya harus menjual kursi terbaik Denmark yang didesain oleh H.Wegner berasistetur boneka beruang. Kursi itu adalah hasil warisan orang tua saya, tetapi saya harus menjual untuk memenuhi kebutuhan saya ke Papua Barat, lagian saya berpikir bahwa saya sudah menggunakan cukup lama kursi itu. Itupun didorang dari apa yang saya lakukan selama setahun sebagai aktivis di internet untuk Papua Barat, sehingga saya menjualnya, tetapi juga saya meminjam sejumlah uang dari teman saya. Tak lama setelah itu saya membeli tiket untuk penerbangan Kopenhagen ke Jakarta dan ke Jayapura. Intinya dari tujuan perjalanan saya untuk melihat langsung perubahan yang telah terjadi sejak kunjungan saya sebelumnya. Sebagai seorang aktivis, saya juga ingin menaikkan bendera Bintang Kejora dan melihatnya bergetar di jantung Papua Barat dan dengan demikian memberikan kontribusi kecil orang Denmark dalam mendukung perjuangan rakyat asli Papua Barat untuk merdeka.

Selain itu, itu harapan saya untuk dokumen, dan informasi terbaru tentang situasi di Papua Barat. Namun, saya tidak bisa berjalan dengan normal karena kaki kiri saya sempat dioperasi akibat kecelakaan, jadi saya harus mencari cara lain untuk mendapatkan informasi terperinci dari bagian yang kurang diakses dari daerah Lembah Balim, yang merupakan salah satu daerah yang ingin saya kunjungi. Oleh karena itu, saya memutuskan untuk mencoba mengintari Sungai Balim dengan perahu karet yang kecil ukuran 6 kaki, dimana perahu itu saya dihadiai atas ulang tahun saya yang ke-50 pada 6 tahun lalu. Saya beri nama "Merdeka" atau *Freedom* dan sejumlah bendera Bintang Kejora tersembunyi di bagasi saya. Saya telah mengetahu banyak serangan yang terjadi terhadap masyarakat adat di Lembah Balim sejak kunjungan terakhir saya, dan dengan mendayung di Sungai Balim saya berharap bertemu dengan orang Papua yang bisa memberitahu saya tentang pengalaman mereka dengan kekuasaan kolonial Indonesia. Di samping itu, tidak ada orang yang tahu tentang rencana saya dan apa yang dapat dilakukan di Papua Barat, bahkan teman-teman terdekat saya atau keluarga. Dari awal niat saya bepergian sendiri, tetapi pada saat-saat terakhir seorang teman baik bertanya kepada saya, apakah akan baik-baik saja jika ia datang untuk mengawasi dari belakang saya, agar tidak terlalu banyak kesulitan. Kami berdua sekitar dua meter dan itu perahu sangat kecil. Tetapi di masa muda kami perna melakukan perjalanan jauh bersama-sama, sebagian dengan perahu di sungai di padang gurun utara Kanada, tetapi juga di Greenland, Asia, Australia, Pasifik dan di tempat lain. Oleh karena itu, saya tahu siapa yang sedang saya berhadapan, jadi tentu saja saya berkata ya, meskipun ruang di perahu terbatas dan ia belum pernah ke Papua Barat sebelumnya, ia hanya tahu dari cerita saya tentang Papua Barat. Rencananya tinggal di Papua Barat selama satu bulan, jadi kemudian kami bertemu di Jakarta pada bulan Januari dan terbang ke Jayapura.

Ketika kami mendarat di Bandara Udara Sentani dekat dengan Port Numbay atau Jayapura di Papua Barat, teman saya sakit. Dia menderita sakit perut yang parah, di hari-hari berikutnya menjadi lebih buruk. Dia akhirnya harus dirawat di rumah sakit. Selama tinggal di rumah sakit, kami melihat hal yang berbeda yang tidak melemahkan hati. Selama lima jam rekan saya harus menunggu di pintu masuk ke ruang gawat darurat, beberapa orang terluka parah dibawa, sebagian besar korban kecelakaan di jalan. Tiba-tiba, ada seorang pasien yang didampingi polisi dan tentara Indonesia bersenjata lengkap, dan beberapa orang dengan jeket oranye. Ternyata mereka datang dengan helikopter dan pesawat dari tambang Grasberg, tambang emas terbesar dunia dan termasuk tambang Tembaga ketiga terbesar.

Salah satu tentara itu orang Papua. Orang-orang dengan jeket warna oranye itu ternyata personel keamanan yang dipekerjakan di tambang. Ketika saya bertanya kepada salah satu penjaga keamanan Indonesia di perusahaan tambang bahwa apa yang terjadi pada orang tersebut, kata orang itu kecelakaan. Kemudian saya diberitahu bahwa pasien itu dengan sengaja ditembak dalam baku tembak antara pejuang Papua Merdeka, polisi dan militer Indonesia. Setengah jam setelah tiba di rumah sakit, korban yang adalah seorang wanita Indonesia akhirnya meninggal dunia. Kemudian, seorang pria Papua Barat dibawa ke ruang gawat darurat, dan dia ditempatkan di tempat tidur sofa di samping teman saya. Dia berbicara sedikit bahasa Inggris saat kesakitan, dia menjelaskan kepada kami bahwa ia mengalami sakit perut yang parah. Dia yakin bahwa racun telah dimasukkan ke dalam makanan oleh orang-orang yang berada bersama dengan intelijen Indonesia, karena dia secara aktif mendukung Papua Merdeka. Dia sampaikan bahwa dirinya sangat senang jika saya mengambil beberapa foto dalam kondisi demikian sehingga saya bisa memberitahukan teman-teman saya di dunia Barat tentang bagaimana orang Papua Barat diperlakukan dan menderita dalam perjuangan untuk mendapatkan kemerdekaan. Seorang perawat menusuk jarum di pergelangan tangannya untuk dimasukkan ke dalam infus, kemudian pria itu mengangkat tangan kirinya dan berbisik sedih dengan kata "Merdeka". Setelah ia tertidur, sekitar satu jam berlalu, sofa tempat tidurnya dipindahkan. Kemudian, setelah itu apa yang terjadi padanya saya sudah tidak tahu. Setelah teman saya diperiksa, dokter Indonesia menyimpulkan bahwa ia memiliki infeksi serius di wilayah ginjal dan harus dirawat di rumah sakit selama setidaknya seminggu – atau dia harus segera memulai dengan obat penisilin dan segera pulang ke rumah. Teman saya memutuskan untuk kembali ke Denmark secepat mungkin, sehingga pagi berikutnya saya melambaikan tangan padanya di Bandara Sentani bertanda ia kembali ke Denmark. Perjalanan seperti ini memang bukan awal yang mudah, sementara saya tetap memutuskan untuk melanjutkan perjalanan sendiri.

Saya menghabiskan beberapa hari di sekitar Sentani dan Jayapura, dimana saya ingin melihat hal-hal berbeda sebelum berangkat ke Wamena di pegunungan tengah Papua. Dari rumah saya sempat menghubungi orang di Eropa untuk menyampaikan pesan ke seseorang di Jayapura yang bisa membantu saya dengan kontak lain, tetapi orang di Jayapura belum menjawab e-mail saya karena dia tidak bisa mengakses internet. Di menit terakhir sebelum saya meninggalkan Denmark saya menerima e-mail dari Jayapura bahwa ia ingin sekali membantu saya. Empat belas hari sebelum keberangkatan saya dari Denmark, karena saya belum dapat khabar dari dia, saya sempat mencoba menggunakan teman dari Papua Barat di akunt Facebook untuk mendapatkan kontak dengan sopir lokal yang dapat dipercaya. Tetapi tidak berhasil, namun responnya tiba setelah saya sudah berangkat. Oleh karena itu saya harus mencoba berusaha sendiri untuk mencari tahu keadaan di Papua Barat. Namun saya dihubungi oleh agen perjalanan Papua Barat yang saya temui ketika saya sedang berjalan di Sentani. Dia merekomendasikan seorang sopir yang ia tahu. Dalam mobil yang dikemudi sopir itu tergantung sebuah lencana di bawah kaca spion bertuliskan "Kepolisian Khusus". Ini berarti tentu saja saya tidak mempercayai agen perjalanan Papua Barat.

Ketika saya bertanya tentang lencana di spion mobil tersebut, saya diberitahu bahwa mobil itu milik pamannya yang dipekerjakan dengan intelijen dan memimpin departemen yang bertanggungjawab melatih polisi. Saya cukupkan sampai disitu dan saya cukupkan menggunakan sopir itu. Saya waktu itu tinggal di hotel yang tidak jauh dari bandara Sentani, di mana banyak mobil diparkir. Disitu ada sebuah restoran dan saya duduk selama satu jam sambil minum secangkir kopi sambil memantau apa yang terjadi di sekitar saya. Bagi saya sangat jelas bahwa hampir semua sopir orang Indonesia dan beberapa dari mereka tampaknya ada kaitan dengan polisi. Pada akhirnya saya menyewa seorang sopir taksi secara acak yang berbicara sedikit bahasa Inggris. Saya memintanya untuk menunjukkan sesuatu yang dibanggakan di daerah Sentani dan Jayapura kepada saya. Dia tanpak senang untuk bebas dan berkonsentrasi menunjukan tempat-tempat yang ia sangat banggakan, seperti kompleks militer dan sejenisnya. Saya sengaja bertanya apakah tidak menjadi soal jika saya mengambil foto karena tempat-tempat itu sangat menarik buat saya. Dia bahkan gembira dan berpikir itu ide sangat baik untuk mengambil gambar, akhinya sambil jalan saya harus melakukannya dari dalam mobil untuk menghindar terjadinya hal-hal yang tidak diinginkan. Sementara kita jalan saya diberitahu bahwa ayahnya seorang perwira tentara yang terbunuh di Timor Timur. Di Indonesia, pahlawan besar dan panutan saya adalah mantan Presiden Soeharto. Disaat itu, saya menyadari bahwa sopir ini benar-benar otaknya dicuci. Dia menyebut orang asli Papua "anjing". Mereka, menurut dia, teroris dan biadab yang tidak termasuk di dalam Negara Indonesia! Kami juga melewati banyak poster pemilu berukuran besar, sebagian besar foto-foto Presiden Susilo Bambang Yudhoyono dan pengusaha yang bergerak secara politik Prabowo Subianto, yang latar belakangnya dari militer yang menyeramkan, berdarah dan sangat nasionalistik. Sebagai komandan pasukan khusus Indonesia Kopassus Grup

3 Mayor Jenderal Prabowo, pada 1990-an berusaha untuk menghancurkan gerakan kemerdekaan Timor Timur dengan cara menggunakan topeng "Ninja" yang berpakaian hitam beroperasi di malam hari di kota-kota dan desa-desa, dimana pada tahun 1997 kampanye itu disebut Operasi "Memberantas " atau *Eradicate*. Sebelumya, pada tahun 1996, Prabowo menggunakan helikopter yang dicat warna putih dengan lambang Palang Merah untuk membohongi militer OPM – Pejuang dari Organisasi Papua Merdeka (Gerakan Papua Merdeka), yang telah menyandera 11 ilmuwan. Dua pria yang disandera dari Indonesia tewas tak lama sebelum operasi. Saya berpikir apa yang mungkin akan terjadi di Papua Barat jika Prabowo berkuasa di Indonesia. Setiap kami jalan melewati poster Prabowo dan sopir menyerahkan jempol dan berkata dia "orang baik". Saya tidak menanyakan lebih jauh, tetapi hanya duduk diam dan membiarkan dia berbicara, untuk menyampaikan apa yang ada dalam pikirannya.

Keesokan harinya, saya menyewa sopir ketiga yang juga orang Indonesia, tetapi dia tidak berbicara bahasa Inggris sama sekali, jadi saya harus berusaha dengan bahasa Indonesia sedikit untuk bisa berbicara. Sebelum saya bergerak hal berbeda dari hari sebelumnya terjadi, saya ingin memotret beberapa daerah kumuh, beberapa daerah pertambangan dan tempat dimana hutan rimba dibersihkan dan menyebabkan tanah longsor. Saya merencanakan supaya sopir tinggal dengan mobil dan saya berjalan sendiri untuk melihat apa yang menarik buat saya. Tempat pertama dimana saya berhenti sedikit jauh dari Sentani, dimana excavator besar hendak meratakan gunung. Bagi saya itu tampak seperti sebagian besar dari semua pertambangan di Papua, tetapi menurut sopir gunung itu diratakan untuk membuat jalan baru dalam rangka mengisi pembangunan. Saya pergi dilokasi sekitar itu dan mengambil beberapa foto. Tiba-tiba ada suara di belakang saya yang mengatakan "Hello Mister." Ketika saya balik dan melihat seorang anak muda Papua yang tersenyum ramah padaku. Ditangannya memegang sebuah benda ngengat yang sudah mati, ia menunjukkan pada saya dengan bahasa Inggrisnya yang baik mengatakan bahkan serangga juga ikut mati ketika gunung-gunung dan hutan-hutan di hancurkan. Lalu ia bertanya apakah dia bisa dimungkinkan menemani saya. Sopir itu jelas terkejut ketika saya kembali ke mobil dengan seseorang dan saya menyampaikan bahwa dia akan bersama kami dalam mobil ini. Sopir tidak senang tentang hal itu dan mengatakan pada saya bahwa dia bisa berbahaya. Saya pikir hal itu dimungkinkan, tetapi berani mengambil resiko untuk diperbolehkan.

Seorang asing bisa menjadi musuh tetapi juga berpotensi sebagai teman dan anda hanya belum tahu dengan baik. Ada sesuatu yang membuat saya bersimpati dengan dia, mungkin karena apa yang telah dikatakan tentang ngengat hantu bahwa mereka mati karena pengusuran. Rekan baru saya itu berusia 27 tahun, menganggur, miskin, yatim piatu dan dia berbahasa Inggris dengan baik karena dipelihara oleh misionaris sejak masih kecil. Dia berasal dari suku di dataran tinggi dekat perbatasan dengan Papua Nugini, atau lebih tepatnya wilayah yang membentang di perbatasan. Sebelumnya, orang-orangnya tidak dipisahkan oleh perbatasan. Dia dilahirkan dari ayahnya yang berasal dari Papua Nugini dan ibunya dari Papua Barat. Kedua orang tuanya telah dibunuh oleh tentara Indonesia ketika ia baru berusia satu tahun. Sementara adik perempuanya yang berusia 8 tahun ia yang merawatnya sebelum seorang misionaris yang kini telah meninggal mengasuh mereka berdua di bawah kendalinya.

Sejak ia menyelesaikan sekolah dengan nilai baik, ia sangat ingin untuk terus belajar dan mendapatkan pendidikan yang baik, tetapi sulit baginya untuk mencari pekerjaan dan tidak mudah untuk memulai dengan pendidikan yang diinginkan. Mimpi besarnya adalah datang ke Amerika Serikat atau Australia dan belajar untuk menjadi seorang pengacara yang mengkhususkan diri dalam hak asasi manusia. Semua ini bukan sesuatu yang mudah dia katakana pada saya, karena sebenarnya dia orang sangat sederhana dan pemalu – semua itu dia sampaikan berdasarkan pertanyaan saya. Hal lain adalah bahwa, dia tidak pernah meminta uang sama saya, satu-satunya yang ia minta adalah menurunkannya di tempat dimana kami bertemua. Dia adalah pemandu yang hebat dan ketika saya menjelaskan kepadanya sedikit tentang apa yang saya ingin perlihatkan dia tersenyum dalam perjanjian, setelah itu dia menjelaskan kepada pengemudi kemana harus pergi. Kita seharian berjalan disejumlah tempat yang luas, dan saya harus melihat beberapa deforestasi, perkebunan kelapa sawit, proyek jalan, daerah kumuh, buaya dan banyak lagi tempat lainnya.

Di waktu berikutnya kami merasa lapar dan berhenti di sebuah restoran kecil milik orang Indonesia di pinggir jalan. Sementara pengemudi tidak duduk se-meja dengan kami, tetapi dia duduk sendiri di meja lainnya, dan ketika saya bertanya dia tidak menjawab. Tidak lama kami jalan dan diluar suda gelap dan kami berhenti di pinggir jalan daerah kumuh dekat Jayapura untuk membeli air di toko kecil. Setelah kembali ke mobil, kami melanjutkan ke sebuah gang, dimana saya melihat dua anak Papua duduk dalam cahaya lampu jalan mengaduk-aduk tumpukan sampah, sementara sejumlah anak laki-laki Indonesia berdiri dan menulis sesuatu pada selembar kertas. Saya menjadi penasaran dan pergi ke anak-anak dan meminta mereka apa yang mereka lakukan. Anak laki-laki dengan kertas mengatakan: - "Ini adalah anjing-anjing saya, mereka menemukan hal yang saya bisa menjual."

Sehari sebelum saya meninggalkan Jayapura, saya bertemu dengan seorang Papua yang saya perna menghubunginya melalui kontak saya di Eropa, dan ia setujui untuk membantu saya mendapatkan kontak dengan orang lain di pegunungan tengah Papua. Dia datang pagi-pagi dan menjemput saya di luar hotel di Sentani dimana saya tinggal. Malam sebelumnya melalui handphone kami sudah sepakat untuk bertemu, tetapi waktu kami terbatas karena kami hanya memiliki satu hari sehingga tidak bisa kita capai apa yang hendak dicapai. Salah satu hal penting yang saya ingin lihat adalah daerah Transmigrasi yang dihuni oleh orang Jawa yang bermigrasi ke Papua dalam kaitannya dengan program transmigrasi Pemerintah Indonesia. Alasan saya karena program Transmigrasi dimasukkan sebagai bagian yang sangat penting dari pendudukan dan penjajahan Indonesia di Papua Barat.

Alasan utama saya ingin mengunjungi daerah transmigrasi karena sekarang ada lebih banyak orang Indonesia yang tinggal di Papua Barat dari penduduk asli Rakyat Papua Barat. Kontak saya yang bisa berbicara bahasa Inggris telah terlibat yang adalah seorang teman baik sebagai mengemudi. Ia tinggal di sebuah kamp transmigrasi di dekat perbatasan dengan Papua Nugini. Pengemudi ini memiliki pemahaman tinggi tentang kemerdekaan masyarakat adat. Dia bukan orang Indonesia, tetapi berasal dari Timor Timur, yang melarikan diri saat terjadi genosida lima tahun sebelum negara itu merdeka tahun 2002, setelah 25 tahun pendudukan Indonesia selama lebih 1/3 dari penduduk Timor Timur, 800.000 orang dibunuh. Saya tidak bayangkan orang-orang dari Timor Timur tinggal di kamp-kamp Transmigrasi di Papua Barat, sehingga tiba-tiba semuanya berubah 180 derajat dari apa yang awalnya dibayangkan selama perjalanan saya.

Bahkan, berpikir tentang bagaiman saya pergi sendiri ke daerah dimana saya mencoba untuk mendapatkan kesan tentang orang yang hidup layak untuk berbicara dengan beberapa orang Indonesia yang akan cukup terbuka untuk memberitahu saya sedikit tentang apa yang mereka rasakan bagaimana tinggal di

Papua Barat dan bagaimana nasib mereka sejak pindah ke Papua. Sementara hampir seharian penuh hujan membasahi jalan-jalan sehingga kami melaju dengan sedikit waspada. Daerah itu bernama Arso, dimana ada sekitar 25 (kamp Transmigrasi), yang masing-masing dihuni oleh sekitar 1.500 keluarga. Kami mengunjungi 4 tempat berbeda di Arso, dimana rumah-rumah berentetan di sepanjang jalan. Pada tahun 1996 saya perna terbang dan melihat lebih dari beberapa kamp-kamp ini, dan dari udara tampak seperti kamp konsentrasi besar di tengah-tengah hutan. Beberapa kamp yang kami kunjungi dihuni lebih dari dua puluh tahun sebelumnya, sehingga orang disini secara bertahap telah membangun rumah yang lebih besar dan lebih baik dari pondok kayu kecil yang disediakan oleh pemerintah. Ketika saya mengunjungi Papua Barat 28 tahun sebelumnya untuk pertama kalinya saya tiba di Jayapura dengan kapal penumpang Indonesia yang membawa lebih dari 1.200 orang miskin Indonesia, yang lebih banyak dari pulau Jawa – wanita, anak-anak, laki-laki dan orang tua.

Mereka hampir saja direbus seperti binatang di ruangan besar di bawah permukaan air kapal, dimana tidak ada jendela kecil ditemukan. Ventilasi rusak, sehingga bau mengerikan, terutama karena banyak yang menderita diare karena makanan dan air yang buruk, tetapi juga karena banyak yang muntah akibat mabuk laut. Dengan bantuan dari salah satu pelaut kapal sebagai penerjemah, saya berbicara sedikit dengan seorang pria yang mengatakan ia dipaksa meninggalkan keluarganya oleh pemerintah dan dikirim dengan kapal ke Papua Barat, dan mereka sangat ketakutan tentang apa yang akan terjadi dan apa yang sedang menunggu mereka ketika mereka tiba. Yang lainnya mengakui bahwa diberi janji palsu dengan janji kekayaan yang besar. Banyak tidak tahu apa yang sebenarnya diharapkan dari mereka dan telah menjadi sangat kecewa ketika mereka akhirnya tiba dan dibawa jauh ke dalam hutan untuk mengolah tanah datar yang besar dengan hutan yang baru saja dibabat, dan ditinggalkan di sebuah pondok kecil.

Di sini mereka disediakan sedikit sumber daya dari Pemerintah Indonesia, sehingga mereka bisa tinggal untuk menghidupi diri mereka sendiri. Kebanyakan imigran datang dari Jawa dan Sulawesi, tetapi setiap warga negara Indonesia dan keluarga mereka bisa berpartisipasi dalam merencanakan. Kamp transmigrasi terutama terkonsentrasi di daerah sekitar kota-kota besar di daerah bagian pante, khususnya Jayapura, Merauke, Sorong dan Timika. Selain mencoba untuk memecahkan masalah mengenai padatnya penduduk di Jawa, program transmigrasi telah juga dimaksudkan untuk membentuk mayoritas Indonesia di Papua Barat, sehingga penduduk pribumi kehilangan mayoritas demokratis mereka untuk kemerdekaan jika masyarakat internasional pada suatau waktu atau yang lain memutuskan untuk mendukung Referendum, jika itu harus terjadi bahwa seluruh dunia menjadi sadar akan penipuan yang terjadi di bawah "Tindakan Pilihan Bebas" atau Act of Free Choice" pada tahun 1969. Ketika saya pertama kali mengunjungi Papua Barat pada tahun 1986, ada sekitar 220.000 orang Indonesia dan sekitar satu juta penduduk asli Papua.

Direncanakan pada tahun 2020 bahwa lebih dari 5 juta orang Indonesia harus menghuni Wilayah Papua Barat, yang menurut perhitungan demografi, lebih dua kali lipat dibandingkan dengan jumlah penduduk dari penduduk pribumi pada tahun 2020. Ketika kami berkendara disekitar jalan di Arso, saya diberitahu sedikit tentang kondisi untuk penghuni Indonesia, terutama yang berasal dari Jawa yang sangat disukai dan cukup banyak diizinkan untuk melakukan apa yang mereka mau. Di daerah ini tidak ada kepemilikan bagi beberapa orang asli Papua, jadi tanah mereka itu dipaksa dirampok dari pemerintah lalu diberikan secara gratis kepada para transmigran ini, tanpa diberi sedikitpun dalam bentuk kompensasi. Kami melewati daerah yang luas dimana hutan telah ditebang dan diganti dengan perkebunan kelapa sawit, yang di beberapa tempat hampir tidak berdaya, padahal pohon kelapa sawit hanya produktif selama sekitar 25 tahun.

Semua daerah di sekitar antara deretan pohon kelapa sawit tumbuh kembali pohon-pohon hutan yang ditebang sebelumnya dan menyaksikan bahwa dulunya daerah ini ditutupi dengan hutan rimba. Waktu terus berjalan kami melewati pos pemeriksaan polisi dan kamp-kamp militer, dimana saya melihat tentara bersenjata berat dan polisi yang bertugas di depan pintu masuk gerbang mengenakan rompi antipeluru. Setelah beberapa jam mengemudi kami tiba di Arso, dimana tujuan yang kami tuju, dimana sopir tinggal bersama keluarganya di sebuah rumah kayu kecil, bersama-sama dengan ribuan rumah transmigrasi lainnya yang telah dibangun oleh Pemerintah Indonesia. Sopir mengatakan kepada saya bahwa saya adalah pria kulit pitih pertama yang mengunjungi Arso diwaktu itu, jadi tentu saja saya menjadi pusat perhatian orang banyak disaat mereka melihat saya disepanjang jalan ke Arso. Sopir termasuk orang yang ramah dan mengundang kami ke rumahnya yang terbuat dari kayu, dimana dia tinggal bersama keluarganya. Dua papan kayu dan tirai membagi menjadi dua area dapur dan tempat duduk yang keluarganya juga tidur. Total luas rumah itu diperkirakan sekitar 25 meter persegi.

Saya hitung yang tinggal dalam rumah itu sebanyak 14 orang. Semua keturunan dari Timor Timur: Sopir tadi, istrinya, adiknya serta suaminya, ditambah ada seorang kakek dan nenek serta anak-anak yang berbeda usia. Mereka mempunyai cukup uang untuk bertahan hidup, terutama mereka hidup dari pertanian. Kami diundang makan dan disajikan makanan terbaik mereka, seperti nasi, ayam goreng dan sayuran-sayuran. Kami makan sambil duduk dilantai. Setelah makan kami bercenkrama satu sama lain, sementara diluar rumah sedang hujan. Ketika saya bertanya apakah mereka kehilangan negeri mereka di Timor Timur – mereka berpendapat berbeda. Yang dewasa memiliki pengalaman mengerikan di Timor Timur mengenai Genosida yang sedang terjadi, tetapi itu bukan sesuatu yang mereka ingin sampaikan.

Sementara, sopir tadi dan istrinya sering sekali bertemu dengan beberapa anggota keluarganya yang masih hidup di Timor Timur, namun mereka telah tinggal di Papua Barat selama bertahun-tahun dan menganggap menjadi rumah mereka. Selain itu, anak-anak mereka sudah tinggal lama di Papua dan juga Pemerintah Indonesia tidak mengizinkan mereka untuk kembali ke Timor Timur. Mertuanya sering merindukan Timor Timur dan ingin sekali kembali, ya hanya untuk mengunjungi saja. Tetapi selama anak-anaknya di dalam rumah itu tidak ingin pergi, maka itu iapun tidak mungkin bisa pergi. Untuk saat ini mereka khawatir tentang masa depan mereka, karena sering mereka merasa bahwa orang Papua tidak mengerti bahwa mereka bukan orang Indonesia, karena mereka juga memiliki pengalaman yang terpinggirkan oleh penduduk Indonesia yang umumnya tidak memiliki sikap ramah terhadap orang-orang dari Timor Timur, yang telah memisahkan diri dari Indonesia. Selain itu, mereka adalah orang Kristen dan yang tidak membuat segalanya lebih mudah bagi mereka, karena 86% dari seluruh penduduk Indonesia adalah Muslim, yang tidak selalu memiliki dispensasi baik terhadap orang dari keyakinan lain. Setelah beberapa jam kami bercerita, kami putuskan untuk kembali ke Jayapura.

Dalam perjalanan ke Jayapura kami berhenti di satu tempat di sepanjang pantai, dimana ada sebuah kampung kecil dengan beberapa kios di sisi jalan. Disitu mereka menjual Pinang dan Sirih. Komunitas kecil disepanjang jalan itu yang anehnya dihuni oleh orang Yali dari Angguruk di pegunungan tengah Papua,

52

dimana dalam rencana saya untuk pergi berkunjung setelah saya tiba di Wamena. Hal itu sangat aneh bagi saya untuk bertemu orang-orang suku Yali di Jayapura, yang telah pindah begitu jauh dari cara hidup tradisional yang saya tahu 28 tahun lalu. Mereka juga seperti pemukim baru, dimana dari kehidupan mereka yang sangat keras dan terisolasi di pegunungan, tetapi telah memutuskan untuk meninggalkan daerah mereka di gunung dan bergerak di daerah pantai di Jayapura, disepanjang jalan aspal yang sibuk. Mereka disitu tinggal bertani dan menjual pinang serta sayur-mayur kepada orang yang lewat sepanjang jalan dengan kendaraan.

Menyusuri Sungai

Saya adalah satu-satunya "Bule" (Kaukasus/Pria Putih) dalam penerbangan ke Wamena yang biasanya terbang empat kali sehari pada layanan reguler per-hari dari Sentani, yang dioperasikan oleh perusahaan penerbangan Indonesia, Trigana Air, yang juga menangani layanan kargo udara yang sibuk ke Wamena. Saya beruntung bisa mendapat tempat duduk. Semua penerbangan telah dibatalkan sehari sebelum karena mesin pesawatnya rusak. Saya berada di daftar tunggu bersama dengan lebih dari 200 orang lainnya. Kebanyakan orang Indonesia dan Papua. Hari itu ada lima penerbangan ke Wamena. Saya teringat beberapa tahun lalu hanya ada tiga penerbangan mingguan jika pesawat beraktivitas dan itu jika tidak terlalu berawan.

Dalam penerbangan ke Wamena sebagian besar cuaca berawan, tetapi tidak lama sebelum mendarat saya bisa melihat bagian dari Sungai Balim yang berliku-liku melalui pemandangan yang hijau dan subur yang pertama kali ditemukan dari udara pada tahun 1938 itu. Satu jam setelah pesawat mendarat, saya pesan sebuah hotel dan kemudian pergi berjalan-jalan di kota. Pada perjalanan saya, saya ingin untuk mendokumentasikan beberapa perubahan yang telah terjadi sejak saya terakhir kali ke Wamena, tetapi perubahan yang begitu besar terjadi bahwa saya merasa telah berjalan melampaui waktu. Saya berjalan melalui kota, dan saya terkejut dengan apa yang terjadi di Wamena. Keliatannya sulit percaya karena 28 tahun lalu ada pohon-pohon tumbuh dimana-mana, rumput dan burung-burung bersiul, dan tidak ada bunyi knalpot mobil atau suara mesin kendaraan. Saya ingat waktu itu setelah saya tiba pertama kali di Wamena, saya disambut tiga orang dengan berpakaian tradisional yang berjalan ke arah saya, tepat pada tempat yang sama dimana saya berjalan dan jalan itu sekarang telah diaspal dan banyak lampu jalan, trotoar, dan toko-toko orang Indonesia di sepanjang jalan itu.

Ketika saya pertama kali mendarat di Wamena, ada pasukan pria telanjang dengan hanya menggunakan koteka tampak serius berdiri di samping lapangan terbang melihat pesawat mendarat. Pada saat itu tidak ada jalan di Lembah Balim, dan hanya ada dua mobil, salah satunya rusak dan satunya lagi milik polisi. Pertama kali saya lihat kota Wamena, tampak seperti kota lain di Indonesia. Sebagian besar orang yang tinggal di pusat kota adalah imigran asal Indonesia, yang terutama berasal dari Sulawesi dan dari Pulau Jawa. Hal itu jelas bahwa orang Indonesia menguasai segalanya, termasuk transportasi, restoran, hotel, toko-toko dan administrasi pemerintahan di Papua.

Di tengah-tengah kota, disisi utara dari jalan utama ada sebuah gedung baru berwarna putih besar berdiri tiga lantai di bawah kubah besar berwarna biru dengan menara runcing. Disini juga ada sebuah pusat perbelanjaan, dimana ada sebuah karpet merah atapnya kaca kubah dan di lorong pintu masuk besar itu diparkir sebuah mobil Mitsubishi yang dikelilingi oleh billboard. Dibagian lain ada sebuah tangga yang menghubungkan tempat perbelanjaan di lantai lain. Di pusat perbelanjaan itu ada bagian lain yang menjual ponsel, peralatan komputer, pakaian dan barang-barang lainnya, dimana sebuah ruangan dimana banyak anak-anak dan pemuda sedang duduk di lantai bermain game (play station). Di bagian atas gedung tersebut terbuka besar dimana 30-40 anak-anak muda (kebanyakan orang Papua), berlatih karate dan taekwondo yang pelatihnya orang Indonesia. Bisnis terbesar dan paling populer di tengah pusat perbelanjaan itu adalah toko buku, antara lain, menjual Alkitab dalam bahasa lokal Papua, buku nyanyian Kristen dan alat musik, termasuk gitar, drum kit, keyboard, amplifier dan pengeras suara. Dibagian lainnya ada berdiri sekelompok orang dari suku Lani melihat alat musik.

Setelah makan siang, saya menyewa seseorang untuk membantu menemukan teman lama saya yang bernama Wimmo yang tinggal di sebuah kampung kecil yang jaraknya sejam berjalan kaki dari kota Wamena. Di secarik kertas saya menulis nama Papua saya dan meminta orang untuk memberikannya kepada Wimmo. Malam itu saya mendapat khabar bahwa Wimmo akan bertemu saya hari berikutnya di suatu tempat di kota Wamena. Saya sempat khawatir barangkali dia sudah meninggal karena tidak pernah menjawab sekian surat yang saya kirim, ternyata dia tidak perna menerima surat-surat tersebut. Kemudian saya diberitahu bahwa beberapa staf di Kantor Pos Indonesia mencegat surat-surat itu karena dikira menemukan uang yang dikirim dari luar negeri ke Papua, demikian juga terjadi pada surat lain yang saya kirim dengan cara berbeda.

Pertama kali saya bertemu Wimmo pada tahun 1986, ketika itu ia masih remaja dan masih mengenakan "Koteka". Pamanya adalah kepala suku Dani Barat di daerah terpencil dari Lembah Balim, yang pertama kali memperkenalkan saya ke Wimmo dan mengatakan ia pemandu yang baik ketika melakukan perjalanan di hutan, meskipun dia tidak berbicara sepatah katapun dalam Bahasa Inggris. Ketika

10 tahun kemudian saya kembali, Wimmo berbicara Bahasa Indonesia dan Bahasa Inggris, sehingga dalam perjalanan ini dia membantu saya sebagai pemandu pada dua ekspedisi ke daerah terpencil yang tak berpenghuni dan daerah berpenghuni di daerah pegunungan Papua Barat, dimana sebagian dari rutenya melewati daerah yang diidentifikasi dalam peta yang dilabeli sebagai daerah kosong (Relief data incomplete). Setelah itu kami menjadi akrab dan ia mengadopsi saya sebagai saudaranya. Oleh karena itu, saya tahu bahwa saya bisa mengandalkan Wimmo, seperti dengan pamannya yang tinggal di sebuah kampung di lembah dan masih hidup dan kuat.

Teman-teman lama saya sangat terkejut saat melihat saya, dan ketika saya mengatakan kepada mereka tentang proyek saya, mereka segera memberi dukungan untuk misinya dan mengatakan mereka akan dengan senang hati membantu. Dalam beberapa hari semuanya terorganisir sehingga perjalanan di sungai Balim bisa dilaksanakan dengan baik. Di hari-hari itu Wimmo mulai bersama dengan saya ketika saya melakukan perjalanan di sekitar wilayah Wamena. Dia mengatakan kepada saya bahwa bertahun-tahun lamanya banyak keluarganya dibunuh oleh angggota keamanan Indonesia yang jumlahnya tidak bisa dihitung dengan jari.

Ada mata-mata dimana-mana, termasuk di pasar tradisional di luar kota Wamena, dimana beberapa teman-temannya tahu dari beberapa individu yang memiliki afiliasi dekat dengan intelijen polisi, termasuk penjual pinang asal Indonesia yang berjualan dekat tuguh militer dan dijual dengan harga yang merendahkan kios-kios dari orang Papua. Ada baju kaos yang bertuliskan "Lebih baik beberapa barang disimpan rahasia" dalam bahasa Inggris, yang hampir tidak masuk akal bagi orang Papua, karena kebanyakan buta huruf dan terlebih lagi tidak mengerti kata-katanya.

Beberapa langkah dari situ disepanjang kios kecil duduklah seorang wanita Papua di atas tanah yang menjual pinang dan sirih. Kebanyakan orang Papua di pegunungan tengah berprofesi sebagai petani miskin yang hanya berkesempatan untuk mendapatkan uang sedikit dengan menjual hasil panennya di pasar lokal.

Hari-hari di Wamena dan sekitarnya memberi saya sekilas pandangan dari Papua Barat, dimana rasisme dan Apartheid berkembang. Penduduk pribumi biasanya tidak memiliki banyak pilihan untuk mencari pekerjaan. Mayoritas orang Papua Barat yang dipekerjakan oleh orang Indonesia hanya ditugaskan untuk tugas-tugas rendah yang ada di Indonesia, seperti bekerja membersihkan sampah dan jalan. Dibandingkan dengan tingkat rata-rata di Indonesia, kemiskinan di Papua Barat berada di posisi pertama dengan tingkat kemiskinan tinggi yang tiga kali lebih tinggi dari rata-rata nasional, seperti yang terjadi pada orang tua yang kami temui yang telah kehilangan seluruh keluarganya karena genosida atau pembunuhan secara sistematis.

Untuk menodai penduduk pribumi dan budaya mereka dilakukan dengan berbagai cara. Diantaranya membiarkan atau membolehkan beberapa anak menghirup Lem Aibon yang menjadi bagian dari kehidupan sehari-hari. Saya bertemu seorang anak yatim piatu yang tidak perna bersekolah dan menghabiskan waktunya hanya membuka dan menutup pintu taksi disaat penumpang hendak naik dan turun taksi di terminal yang sedikit jauh dari kota Wamena. Dimana hasil kerjanya itu hanya untuk membeli Lem Aibon. Di pasar, beberapa pemilik toko asal Indonesia memperkenalkan lem sebagai hiburan untuk anak-anak, dan tampaknya hal itu dilakukan dengan sengaja supaya anak-anak ini kecanduan menghisap Lem Aibon, sehingga penjual bisa untung. Di pinggiran pasar saya melihat banyak anak-anak menghisap Lem Aibon. Pihak berwenang dari Dinas Sosial Pemerintah Jayawijaya tampaknya tak mau ambil pusing dengan kondisi yang akan menghancurkan masa depan anak-anak Papua ini.

Sehubungan dengan perdagangan ternak babi, saya terjun langsung dalam percakapan dengan seorang pria suku Lani. Wilayah dari suku Lani membentang dari sudut bagian Barat laut Lembah Balim dan selanjutnya di bagian barat membentang beberapa pegunungan menuju Cartens Pyramid dekat tambang emas Grasberg Freeport. Pria itu tahu sedikit bahasa Inggris dan bercerita kepada saya bahwa polisi dan militer Indonesia yang sangat korup selalu bertindak seperti teroris dan preman yang tanpa ampun meneror, memperkosa dan menyiksa warga sipil di kampung-kampung di sekitar lembah dengan sesuka hati. Terutama di bagian barat lembah yang paling dekat dengan tambang emas, dimana daerah para pejuang Papua Merdeka yang paling aktif. Katanya, informasi ini dia sengaja sampaikan supaya saya tahu tentang kondisi di daerah ini dan umumnya di Papua Barat.

Polisi dan sejumlah unit khusus dari militer biasanya melakukan aktivitas mereka dijalan-jalan di sekitar Wamena, tidak hanya dengan berseragam lengkap, tetapi juga dengan menggunakan pakaian preman. Termasuk beberapa orang Papua dari luar Lembah dan Wamena yang sering bertindak seperti menindas orang pada pendudukan jaman Nazi Jerman dulu. Mereka-mereka ini siap mengatur rencana apapun jika ada orang Papua di Lembah yang melakukan hal-hal yang dianggap melampaui batas di mata mereka walaupun sama kulit dan rambutnya. Tindakan ini selain penindasan, tetapi juga ada aksi melapor kepada pihak berwajib atas kejadian yang sebenarnya tidak sangkut paut dengan Papua Merdeka, sehingga disaat itu para pelapor ini mendapat keuntungan dari apa yang mereka lapor.

Ketika Wimmo dan saya berjalan-jalan di sekitar kota, seolah-olah kita tidak mengenal satu sama lain. Biasanya Wimmo berjalan 50 meter didepan, salah satu temannya 50 meter di belakang saya dan teman lainnya berjalan di atas trotoar di seberang jalan. Ketika di jalan, Wimmo tidak diketahui sebagai pemandu wisata (Guide) saya, artinya sikap kami harus berhati-hati untuk tidak secara terbuka kepada publik umum di jalan-jalan. Pihak berwenang tidak tertarik dengan kunjungan wartawan internasional, organisasi hak asasi manusia, aktivis asing atau orang asing yang sedang berlibur di Papua Barat, karena mungkin dianggap merusak reputasi negera Indonesia di luar negeri.

Dari kunjungan sebelumnya dan pengalaman wisatawan lain, saya tahu bahwa beberapa guide biasa menjadi mata-mata yang disponsori oleh polisi, mereka juga bisa dibayar untuk tidak mengungkapkan apa-apa tentang situasi politik di Indonesia. Kemudian, saya dan saudara saya Wimmo bertemu paman kami yang sudah mengadopsi saya sebagai ponakannya di luar kota setelah malam, jadi kami tidak pernah muncul bersama di jalan-jalan, juga tidak bisa kita pergi ke rumah makan untuk makan malam bersama. Hanya sekali kita bertemu dengan dia di rumahnya, tapi kemudian tiba-tiba ia menerima panggilan di telepon genggamnya dari polisi karena beberapa pernyataan telah dibukakan oleh rekannya sendiri, akhirnya kami buru-buru meninggalkan tempat itu melalui pintu belakang dan ke jalur sebelumnya, karena polisi sering secara tiba-tiba muncul tanpa memberitahukan. Salah satunya waktu saya makan di sebuah rumah makan bersama Wimmo, dua orang Indonesia datang dan duduk di meja depan. Beberapa hari sebelumnya juga saya makan sendirian di rumah makan itu, dan dua orang yang sama juga duduk di meja sebelah. Salah satunya pemuda yang matanya buta dan ada bekas luka pada wajahnya, satunya lagi pria paruh baya, kemudian saya diberitahu bahwa itu adalah kepala intelijen lokal bersama salah satu anggotanya. Berikutnya, di malam hari ketika saya ke hotel, seorang pemuda Indonesia memantau saya dari tempat duduk skuter dibalik jeruji, selanjutnya ia mengenakan kacamata hitam meskipun gelap. Ketika saya memandang dia, ia seolah-olah menelepon orang dan pergi dari kursi skuter itu.

Beberapa kali saya berjalan "tanpa guide" di kota, sedangkan Wimmo dan teman-temannya mengamati saya sedang di foto dengan kamera *hape* (telepon genggam) oleh seorang pria muda asal Indonesia yang berpakaian preman. Di kesempatan lain saya juga sempat di foto oleh seorang tentara yang sedang berseragam lengkap berdiri disamping kendaraan militer ketika saya melewati kendaraan tersebut.

Jika saya tidak menyadari hal itu atau Wimmo dan teman-temannya tidak mengikuti saya, otomatis saya tidak akan tahu apa-apa tentang apa yang dilakukan orang lain pada saya. Menurut pamannya, hal itu sudah sangat normal terjadi disini bahwa siapapun orang asing dari Negara lain tetap dipantau, jadi saya mesti rileks saat jalan-jalan di kota. Saya tidak melakukan kejahatan apapun atau perbuatan yang salah, tidak ada indikasi bahwa kecurigaan sedikitpun dari hubungan antara Wimmo dan saya yang sedang bersama-sama, meskipun pada satu kesempatan kami dilihat sedang makan bersama di sebuah restoran. Wimmo duduk dengan membelakangi orang-orang dari dinas intelijen itu, tetapi ketika mereka memasuki restoran dan duduk, Wimmo membuat tanda kepada saya supaya kita harus tetap tenang. Saya berperilaku seperti seorang turis biasa yang duduk diam dan makan bersama-sama dengan seorang pria Papua yang tampak seperti pemamdu dari pedesaan. Ternyata saya telah melihat bos intelijen itu dua kali di restoran yang sama dan mungkin telah dimonitor, menurut paman juga hal sama, karena kepala intelijen sendiri suka makan di restoran itu. Untuk wisatawan asing yang datang ke Wamena, sebagian besar hanya tinggal selama beberapa hari, dan jarang lebih dari seminggu, jadi jika saya tiba-tiba menghilang satu hari, ada orang yang terkejut, jadi saya harus tenang.

Di saat itu, selain saya ada dua orang asal Jerman yang diketahui sebagai suami istri yang tidak tahu apa-apa tentang kondisi genosida dan situasi umumnya di Papua, tetapi mereka hanya datang berharap melihat Koteka orang Wamena dan melihat barang-barang peninggalan zaman batu dulu. Pada suatu pagi saat sarapan mereka mengatakan kepada saya bahwa mereka sangat kecewa dan menyadari bahwa mereka sangat terlambat untuk datang ke Wamena, karena barang-barang peninggalan itu sudah tidak ada sejak 20 tahun lalu. Jadi hanya tiga hari di

Wamena, setelah itu mereka kembali ke Bali sehingga hanya saya seorang diri sebagai wisatawan asing di kota Wamena, hingga akhirnya beberapa hari kemudian tibalah dua orang suami istri asal Belanda dan Amerika. Acara festival pariwisata di Lembah Balim biasanya dimulai di awal bulan Agustus. Ketika Festival Lembah Balim tahunan itu diadakan, ratusan masyarakat adat berpakaian tradisional dari setiap suku di pegunungan seperti suku Dani, suku Yali dan Lani berkumpul di Wosilimo tempat pelaksanaan festival itu dan melakukan seni tradisional, musik dan tari, serta makan daging babi yang dibakar batu. Saat itu banyak wisatawan yang datang ke Wamena yang mengakibatkan kesulitan menemukan kamar kosong hotel. Setelah itu, akhir dari tahun itu hanya beberapa wisatawan yang datang berkunjung. Di Jayapura, saya pergi ke kantor polisi dan diterbitkan "Surat Jalan" (izin perjalanan). Izin itu hanya berlaku untuk tinggal di sekitar Jayapura dan Wamena. Perizinan yang dilengkapi dengan pas foto dua, hanya untuk dua hal berikut ini: "A. Wajib menyampaikan daftar pengunjung asing ke kantor Polisi setempat selambat-lambatnya 24 jam sejak kedatangan, termasuk daftar ke manajer hotel, penginapan, rumah nginap dan sejenisnya. B. bagi siapapun yang menyediakan akomodasi untuk orang asing wajib melaporkan ke kantor Polisi setempat atau pemerintah daerah setempat dalam waktu 24 jam sejak kedatangan."

Wimmo punya banyak teman dan selama saya di Wamena dan sekitarnya, saya bertemu orang-orang baru setiap hari dan setelah bertemu selalu berbicara mengenai perjuangan Papua Barat. Mereka menunjukkan sebuah daerah di sudut pasar, dimana pelacur asal Jawaa dan Sulawesi yang terinfeksi HIV dan AIDS yang tinggal di bawah pengawasan intelijen polisi berpakaian preman, sedangkan pria-pria asli Papua datang dan pergi. Di sudut lain ada yang menjual minuman lokal beralkohol yang sedikit tradisional, dan saya melihat beberapa orang mabuk. Saya tidak pernah melihat hal-hal ini disaat kunjungan saya sebelumnya. Beberapa hari kemudian saya berbicara dengan orang-orang Papua yang lebih tua, yang mengatakan bahwa mereka menangis setiap hari karena mereka hanya bisa berpangku tangan, sementara pendudukan kolonial Indonesia secara brutal menghancurkan masa depan anak-anak dan cucu-cucu mereka. Kemarahan dan perlawanan terhadap Pemerintahan Indonesia merajalela. Secara khusus, kemarahan itu tinggi karena banyaknya militer dengan besarnya rezim Indonesia dan penumpasan berdarah terhadap warga sipil. Satu orang yang berbicara bahasa Inggris dengan baik mengatakan kepada saya bahwa rakyatnya membutuhkan semua bantuan yang mereka bisa dapatkan dari masyarakat internasional dan PBB untuk membuka jalan ke Referendum yang demokratis dan adil untuk ribuan penduduk rakyat Papua Barat. Itu keyakinannya bahwa ini adalah satu-satunya cara damai untuk bebas menentukan nasib sendiri di Papua Barat. Jika tidak, perlawanan dan perjuangan untuk kemerdekaan akan tumbuh dalam kekuatan yang besar. Tidak ada orang Papua yang dihormati. Nenek moyang mereka dan budaya mereka ditindas di tanah kelahiran mereka dengan rasisme, apartheid, genosida, pemerkosaan, penyiksaan, korupsi dan keracunan makanan karena suatu kekuatan kolonial yang menduduki. Hanya orang-orang Papua Barat sendiri yang bisa membangun daerahnya sendiri. Saya diberitahu bahwa penjara lokal di Wamena tampak seperti peninggalan dari kamp konsentrasi Nazi Jerman. Pertama kali saya mengunjuni Wamena, penjara itu sudah ada. Balik dinding-dinding tidak ada orang lain yang berbuat sesuatu. Dibalik dinding-dinding juga pelanggaran hak asasi manusia yang tak terkatakan telah dilakukan dan banyak orang telah menghilang tanpa jejak.

Setelah beberapa hari di Wamena, kami akhirnya siap untuk melakukan perjalanan menggunakan perahu di Sungai Balim, yang harus dimulai dari bagian barat lembah, dimana saya berharap untuk memiliki beberapa kontak pribadi dengan orang-orang yang terlibat langsung dalam perjuangan kemerdekaan Papua Barat. Pagi-pagi saya pergi meninggalkan hotel dan bertemu dengan Wimmo serta beberapa temannya di sebuah tempat di luar kota – paman juga ada di sana. Saya chek out dari hotel dimana saya tinggal dan membayar biayahnya malam sebelumnya dan mengatakan bahwa saya pindah ke hotel lain di daerah pedesaan.

Sekarang saya senang karena semua kontak tersedia, saya pasti dapat mengatakan bahwa ada dukungan penuh untuk proyek tersebut, yang melibatkan orang ahli dalam kondisi setempat, yang kini rela dengan dedikasi yang besar siap untuk melanjutkan. Sementara, perjalanan dari Wamena cukup terorganisir dengan baik dan berlangsung secara rahasia. Tak lain, mereka terlibat langsung dalam ide tentang apa yang sedang kami lakukan, baik Wimmo dan saya sendiri yang langsung memiliki kontrol atas apa yang direncanakan atau apa yang disepakati semuanya. Kami juga mengandalkan paman dan teman-temannya dengan keyakinan bahwa semuanya akan baik-baik saja. Kami akhirnya hentikan mobil untuk merubah arah mobil, sedangkan penerjemah telah menghilanng. Tiba-tiba dia pergi, tidak ada yang tahu dimana ia berada, saya mencoba menelepon dia tetapi akhirnya tidak berhasil. Wimmo pergi keluar untuk mencarinya, tetapi ia tidak menemukan. Hal itu kelihatannya kurang baik. Tak peduli dengan apa yang saya sudah bayar. Hal terburuk adalah bahwa saya hampir tidak bisa melakukan tanpa penerjemah. Tapi kita tidak bisa menunggu lebih lama lagi dan meminta sopir untuk meneruskannya. Ketika kami sedikit lebih jauh ke perkampungan tiba-tiba saya mendapat ide untuk mengontak supaya dia ada disitu. Melalui hubungan baik di Eropa, saya telah membuat koneksi dari rumah dengan seorang pria di Jayapura, yang telah mengatur kontak ke orang lain yang saat ini tinggal di Wamena, dan selama saya tinggal di Jayapura dia setuju menjadi juru mudi saya melalui SMS. Satu hal yang saya tahu tentang dia adalah bahwa dia bisa berbehasa Inggris dengan baik dan saya berpikir bahwa ia bisa dipercaya. Tapi sejak itu saya tidak dapat terhubungan dengan dia karena kurangnya koneksi. Tapi waktu itu akhirnya berhasil. Telepon itu dijawab segera dan saya menjelaskan kepadanya lebih banyak tentang situasi yang terjadi, ia menjawab bahwa ia akan senang untuk bergabung dengan kami dalam waktu dekat. Benar sekali, tidak lama ia muncul. Dia datang mengendarai skuter yang diparkir di rumah temannya yang berjarak sekitar 50 meter dari tempat kami bertemu. Hal pertama yang saya tanyakan padanya adalah apakah dia bisa berenang, dan diapun menyawab ya. Kami akhirnya melanjutkan perjalanan ke bagian Barat Lembah Balim.

Kami melewati padangrumput hijauh yang indah yang dikelilingi lereng bukit yang sedikit mulai gundul. Disana-sini bertebaran kebun dan budidaya tanaman ubi jalar. Di perkampungan ada rumah-rumah pondok yang ditutupi alang-alang yang disebut dengan honai. Saya mulai mengingat dengan model rumah orang-orang saya di Eropa pada jaman dulu.

Sepanjang jalan, saya berbicara dengan penerjemah baru yang bernama Elias. Dia tampaknya terdidik dengan bahasa Inggris, termasuk tentang perkembangan yang terjadi di Papua Barat, tidak hanya di Lembah Balim, tetapi juga di banyak tempat. Setelah beberapa jam kami tiba di tempat tujuan, dari situ kami melanjutkannya dengan berjalan kaki ke bagian kampung yang terpencil dekat sungai Balim, dimana kami bisa meluncurkan perahu tanpa ada yang melihatnya. Kami berjalan hingga temui sebuah pohon besar dekat sungai Balim. Disini kami beristirahat sedikit sebelum kami mengarungi sungai. Sebelum kami mengarungi sungai Balim, kami awali dengan makan siang dengan cepat dan menemukan dua tongkat untuk di pasang di pendayung yang sudah saya bawa. Saya memakai sepatu kedap air berwarna biru. Kami juga membawa barang yang kami butuhkan untuk 7-8 hari di daerah sungai, termasuk peralatan untuk berkemah di hutan jika diperlukan. Setelah itu, kami mengisi angin dengan pompa manual pada perahu karet berwarna kuning yang saya bawa. Ukuran panjangnx 6 kaki lebih kecil, dan kemudian kami siap untuk mendayung di sungai.

Wimmo menjadi kontak kami di darat dan saya telah memberinya hape, untuk kita tetap berhubungan satu sama lain jika ada masalah. Saya punya terpal kamuflase dalam tas jika kita harus cepat pergi ke darat dan menyembunyikan perahu. Akhirnya kami harus pergi dengan perahu terpisah dengan Wimmo yang akan berjalan melalui darat sambil menyelidiki medan. Selaib itu ia harus berjalan duluan untuk mengetahu kampung mana yang bisa menjadi tempat penginapan kami pada malam itu. Jika polisi atau tentara mendeteksi kami dan mulai mengajukan pertanyaan. Saya berencana menyampaikan bahwa saya disini karena saya suka kebebasan dan perdamaian, dan saya juga sebagai petualang menikmati alam di sekitar sini, hanya saja sendi kaki saya ada masalah, sehingga saya harus mendayung di sungai dengan penerjemah saya untuk mendapatkan informasi terperinci tentang alam daerah ini. Saya tidak tahu apakah penjelasan saya akan diterima atau tidak, tetapi setidaknya itu penjelasan saya jika mereka memproteksi kami.

Setelah meluncurkan perahu karet kecil itu, kami mendayung langsung ke tengah-tengah sungai. Elias tersenyum lebar ketika saya mengeluarkan bendera Bintang Kejora kecil dari saku saya dan menggantungkannya di leher saya dengan tali kecil. Kami akhirnya mendayung dengan bebas di Sungai Balim, di daerah jantung dari Tanah Papua. Sungai berkelok-kelok tetapi alirannya tenang tidak bergelombang. Kemudian kami melihat percikan ikan di permukaan air yang berwarna kuning khas kali Balim, dan airnya berlumpur, yang membuat saya menyesal karena tidak membawa pancingan.

Satu hal yang penting yang kami harus perhatikan adalah arus air yang cepat dan bercabang membawah potongan kayu besar, karena dampak erosi dipinggir sungai. Cabang-cabang yang runcing berada tepat di permukaan dan kapan saja bisa menusuk perahu jika kami tidak berhati-hati mendayung perahu. Kami tidak memiliki banyak ruang untuk duduk, tetapi selama kami duduk tidak banyak bergerak, sehingga tetap aman, meskipun kaki kami terjepit.

Saat menyusuri sungai tanpak pemandangan yang luar biasa indah yang mengelilingi sungai dengan hijauhnya pepohonan yang bervariasi, dari hutan, bukit-bukit di atas lembah dari semua sisi. Tumbuhan disepanjang sungai bervariasi, mulai dari hutan lebat, rumput tinggi, hutan kecil dan daerah terbuka.

Kami melihat burung berwarna-warni sedang bernyanyi disekitar sungai, dan akhirnya mereka terbang di atas sungai. Pada sore hari datanglah sebuah suara simfoni indah yang aneh dan lucu dari serangga tropis yang berbeda dan makhluk hidup lainnya. Kami tidak menemui seseorang pada waktu pertama kami memulia menyusuri kali Balim. Setidaknya 5 jam berlayar menuju salah satu kampung terdekat, dimana kami akan menghabiskan malam pertama di daerah lembah ini, namun sebenarnya kami sendiri tidak yakin apakah kami akan tiba sebelum gelap di kampung yang kami harapkan. Karena itu, kami telah siap untuk menghabiskan malam itu di hutan. Saya telah membawa tali, beberapa makanan, dan beberapa tempat tidur gantung kecil dengan kelambu dan terpal. Karena tidak mungkin kami menggunakan perahu di malam hari karena sangat beresiko dengan cabang-cabang kayu yang berduri yang tergeletak di permukaan air.

Akhirnya jelang gelap kami melihat Wimmo yang menunggu kami sedang berdiri di samping kali Balim berdekatan dengan pohon besar. Setelah kami menarik perahu di tepi sungai, kami mengemas semua barang bawahan kami dan menuju kampung yang akan menjadi tempat persingahan kami di malam itu. Kami berjalan sekitar setengah jam di sepanjang jalan yang sempit melalui rawa dan hutan yang panjang. Terlihat juga kebun ubi jalar. Kami akhirnya mencapai kampung dan memanjat pagar yang mengelilingi honai dan dapur di kampung itu.

Kepala suku setempat telah menyiapkan sedikit persiapan atas kunjungan kami dan semua itu tidak mengejutkan saya karena Wimmo mengenal kepala suku itu. Sebaliknya, saya dan Wimmo sangat terkejut ketika menemui komandan kelompok pejuang Papua Merdeka di wilayah tersebut, dimana sekitar 20 orang di daerah itu dan kami tidak tahu tentang ini. Komandan yang tampaknya tahu paman kami, menyambut kami di depan Honai di kampung itu. Hal itu meyakinkan kami untuk memiliki teman-teman yang kami harapkan. Kami diberitahu ada pejuang kemerdekaan yang tersebar di seluruh daerah, dan mereka terus menutup mata pada segala sesuatu yang sedang terjadi. Setelah makan malam kami duduk di dapur dan berbicara dengan para pejuang kemerdekaan, yang mana sangat ramah. Mereka mengajukan banyak pertanyaan, dan saya sangat bersyukur karena bisa bersama Elias sebagai penerjemah.

Para pejuang kemerdekaan senang mendengar bahwa misi saya adalah mendokumentasikan dan mendukung perjuangan rakyat Papua Barat untuk mendapatkan kemerdekaan, dan mencoba untuk membuat kontribusi yang kecil menuju peningkatan kesadaran di luar negeri tentang apa yang terjadi di Papua Barat. Kami lalui malam itu dengan baik dan saya punya beberapa tayangan mengenai kondisi kehidupan sehari-hari di kalangan pejuang kemerdekaan Papua Barat yang bersembunyi di pegunungan, yang juga terus-menerus dikejar oleh militer dan polisi Indonesia.

Sebelumnya saya tahu bahwa banyak kegiatan yang dilakukan pejuang Papua Merdeka di daerah sekitar tambang Grasberg Freeport, melakukan kampanye melawan pasukan keamanan Indonesia. Tambang telah menghancurkan gunung suci di daerah suku Amungme dan sungai Ajkwa terkontaminasi, sehingga air itu tak dapat diminum, hutan di sepanjang sungai itu kering, dan kehidupan di sepanjang sungai telah tiada. Tambang Grasberg, tambang emas terbesar di dunia dan tambang tembaga ketiga terbesar dunia dengan tersedianya banyak emas yang kemungkinan untuk memproduksi komputer, ponsel dan TV layar datar. Tambang ini juga memproduksi sekitar 220.000 ton bijih terkonsentrasi per hari dan mempekerjakan sekitar 20.000 orang. Tambang Grasberg adalah salah satu alasan utama mengapa Indonesia dan perusahaan tambang milik AS Freeport MacMoRan tidak ingin melepaskan Papua Barat. Sambil saya duduk di dapur sambil berbicara dengan para aktivis kemerdekaan, tiba-tiba saya berpikir mengenai Kelly Kwalik yang merupakan komandan militer Tentara Pembebasan Nasional Organisasi Papua Merdeka (TPN-OPM), sampai ia dibunuh pada tahun 2009 oleh Unit Anti Teror Polisi Indonesia, Densus 88. Tak lama sebelum kematiannya, Kelly Kwalik mengatakan hal berikut; - "dalam tiga puluh empat tahun saya telah membela negara ini di hutan, saya telah mendaki bukit-bukit dan gunung-gunung, saya telah berjalan di lembah-lembah dan ditempat rawa. Selama tiga puluh empat tahun saya telah membela hutan, saya telah melintasi banyak danau, sungai dan laut. Dihari-hari perjalanan saya, kulit saya telah terbakar karena panas, dingin dan mengalami pembekuan pada tubuh saya karena salju, untuk mempertahankan warisan kita yang mulia dan untuk memulihkan keadilan sehingga kebenaran, cinta dan perdamaian akan memerintah di negeri kita yang mulia. Sekarang saya berdoa, dan saya berteriak dengan semua napas: "Ya Tuhan, mereka telah mengambil semua tembaga, emas, minyak dan gas serta ikan. Semua binatang dan hal-hal lain yang membuat pulau ini kaya. Tetapi semua hal yang telah Engkau berikan pada kami, diambil semuanya pergi dan berilah kami apa yang kami butuhkan hari ini dan berikanlah kami apa yang kami butuhkan kemudian."

Berbeda dengan cerita lama mengenai Robin Hood dan anak buahnya di Hutan Sherwood. Niat para pejuang kemerdekaan Papua Barat dimana tidak mengambil beberapa emas dan memberikannya kepada orang miskin, mereka berjuang hanya untuk kebebasan dan mereka tidak menyukai uang atau siapa yang harus menjadi presiden dan dari partai mana atau dari suku mana. Mereka adalah orang-orang pribumi negeri ini dan mereka satu jiwa. Semua yang mereka inginkan di atas semua itu adalah hanya kemerdekaan dari Indonesia. Mereka sangat sedih dan marah tentang fakta tanah suci mereka dihancurkan oleh kekuatan kolonial, brutal dan korup bahwa warga sipil pribumi yang miskin dibunuh, disiksa, diperkosa dan diteror oleh polisi dan militer, karena menuduh warga sipil tahu dimana pejuang kemerdekaan bersembunyi.

Tentunya, ada ribuan pejuang kemerdekaan di daerah pegunungan tengah Papua, sedangkan yang tidak mendukung Papua Merdeka jumlahnya dihitung dengan jari, itupun isi hatinya tidak diketahui pasti karena mereka secara budaya masih terikat sebagai orang Papua Barat. Tetapi untuk percaya bahwa warga sipil tahu dimana para pejuang kemerdekaan yang bersembunyi di hutan itu benar-benar salah. Bagaimana bisa warga sipil tahu? Meskipun mungkin 99% dari para pejuang kemerdekaan yang hanya dipersenjatai dengan busur dan anak panah, mereka unit militer yang tidak memberitahu siapa pun dimana mereka bersembunyi, dan mereka beralih tempat persembunyian sepanjang waktu. Saya diberitahu bahwa tentara dan polisi Indonesia bertindak seperti pengecut, teroris dan penjahat yang tampaknya tidak tahu tentang hal lain di samping membakar desa-desa dan tanaman, membunuh dan menyiksa petani miskin yang tidak bersalah, wanita, anak-anak dan orang tua. Para prajurit dan polisi selalu datang dengan senjata berat yang moderen dalam jumlah besar dan 100 pasukan khusus untuk berperang melawan satu orang tua miskin yang hanya dipersenjatai dengan tongkat. Para prajurit sering dipilih dan otak nasionalismenya dicuci yang rasis dan bodoh. Mereka hanya belajar bagaimana untuk membunuh dan menyiksa atas nama NKRI, dan mereka dibayar secara tidak hormat kepada orang yang berbudaya dari Papua seperti cara orang Melanesia hidup. Komandan itu mengatakan bahwa salah satu hal yang sangat dibutuhkan itu kamera video kecil modern – dan kamera pada umumnya (jika mungkin dalam kemasan tahan air) – di setiap kampung untuk mendokumentasikan kekejaman yang dilakukan oleh pasukan pendudukan. Jika memungkinkan, kamera yang menggunakan baterai standar, sehingga baterai bisa dibeli di setiap toko, karena kebanyakan kampung tidak ada listrik. Dan yang sangat penting; petunjuk tentang cara penggunaan kamera.

Kepala suku dan saya menjadi cukup akrab. Dia tidak pernah meninggalkan saya, dan setelah ia mengenakan seragam pejuang kemerdekaan, ia mendeklarasikan kepada semua orang disitu bahwa tidak ada orang yang mencoba menyakiti saya sementara tinggal di kampung itu, dan segala sesuatu yang bisa dilakukan oleh prajurit harus dikerahkan dalam perjuangan untuk melindungi saya. Kemudian malamnya kami meninggalkan dapur itu pergi tidur di honai laki-laki, sementara kepala suku itu tidur dengan seragam lengkap di sisiku, sementara dua puluh pejuang kemerdekaan lainnya dibagi ke lokasi lain di sekitar honai. Sedangkan yang lainnya tidur di lantai bawah honai yang kami tidur, sementara yang lainnya tidur di loteng.

Pagi itu hujan. Ketika saya melihat keluar dari pintu rumah, saya melihat salah satu pejuang kemerdekaan yang berpatroli di depan pintu masuk kampung dengan sebuah senjata. Malam sebelumnya saya telah melihat senjata itu di dapur dimana ia berdiri di dinding. Ternyata senjata itu menjadi satu-satunya senjata yang mereka miliki, dan saya meminta untuk melihatnya, ternyata senjata itu adalah senjata angin yang bisa digunakan untuk menembak tikus dan burung kecil. Tetapi terlepas dari peralatan militer yang terbatas, mereka sangat berdedikasi dan terus-menerus waspada dengan hal-hal yang bisa terjadi disekeliling mereka. Mereka juga terus melakukan patroli pada malam hari. Mereka juga selalu siap untuk melarikan diri jika polisi dan pasukan militer Indonesia mendatangi daerah ini.

Malam sebelumnya, saya mengatakan kepada para pejuang kemerdekaan itu mengenai rencana saya untuk menemukan tempat terpencil di hutan di tepi sungai, dimana saya ingin membuat satu demonstrasi damai kecil dan mengambil beberapa gambar. Selain bendera Bintang Kejora, saya juga membawa bolpoin dan spidol warna, dan kertas untuk membuat poster. Para pejuang kemerdekaan berpikir itu ide baik dan menyarankan untuk segera kami melaksanakan demonstrasi di depan honai laki-laki. Saya juga menyampaikan bahwa tujuanya untuk mempublikasikan foto-foto yang akan didemonstrasikan nanti, tetapi saya tidak ingin dengan tindakan ini menempatkan kalian dalam resiko, dan tidak mau dibunuh karena gambar-gambar dipublish, namun mereka sedikit tersinggung dengan pertanyaan itu dan mereka tetap ingin mendemonstrasikan. Mereka adalah pejuang sejati kemerdekaan Papua Barat, bukan penjahat. Semua yang mereka inginkan adalah kebebasan yang sejati untuk Papua Barat. Mereka sangat bangga untuk berpartisipasi dalam demonstrasi itu dan mereka juga tetap menjadi buronan. Jika perlu, mereka bisa dengan mudah mengubah penampilan dengan membiarkan jenggot dan rambut mereka tumbuh atau mencukur rambut mereka atau memakai kacamata hitam dan hiasan rambut tradisional yang dihiasi dari bulu-bulu binatang. Sementara hujan rintik di luar, saya mengambil kertas dan pena untuk kita bisa mempersiapkan demonstrasi kecil di kampung itu. Setelah itu kami pergi ke dapur untuk sarapan pagi. Tiba-tiba datang satu orang yang belum perna saya lihat sebelumnya dan mengatakan sesuatu pada komandan, termasuk kepala suku. Mereka menunjuk saya dan menyinggung banyak mengenai Elias, yang kemudian saya diterjemahkan. Ternyata orang-orang yang datang di malam hari tclah memantau kami di kampung tetangga yang tidak begitu jauh. Disini seseorang yang datang di pagi itu telah diberitahui oleh sejumlah pemuda yang keluar berburu dengan panah dan busur bahwa mereka telah melihat pria kulit putih dengan perahu warna kuning di kali dengan bendera Bintang Kejora di dadanya.

Hal ini sangat mengejutkan, karena saat kami berlayar selama hampir lima jam, dan hanya di awal perjalanan saya menempatkan bendera Bintang Kejora di dada saya. Kita hanya menempuh jarak sekitar lima kilometer seperti burung gagak karena tikungan yang berliku-liku sangat banyak. Ini artinya bahwa yang mengamati kami adalah kampung-kampung disekitar yang tidak begitu jauh dari tempat dimana kami meluncurkan perahu di sungai. Sangat disayangkan, karena hanya lima menit mengantung bendera di leher saya, karena Elias menyarankan saya untuk memasukan kembali ke dalam saku saya setelah mengambil beberapa gambar untuk mendukung Kampanye Papua Merdeka. Sekarang orang-orang di daerah tersebut sudah mulai membicarakannya. Hal ini belum perna terjadi sebelumnya bahwa seorang pria kulit putih melakukan hal seperti ini, dan karena sangat langka melihat orang kulit putih di daerah ini, sehingga cukup yakin bahwa berita siang hari ini akan menyebar. Saya diberitahu ada mata-mata polisi di salah satu kampung di daerah ini. Oleh karena itu, polisi kemungkinan akan diberitahu sehingga dalam beberapa jam kedepan mereka akan mulai mencari saya. Jika kita terus mengarungi sungai dengan perahu kemungkinan ada resiko besar bisa ditembak oleh penembak jitu. Skenario terburuk akan terjadi dimana ketika mereka tembak kami, tubuh kami akan dibiarkan membusuk di suatu tempat di hutan. Jika mayat ditemukan, polisi yang akan menyelidiki kasus ini, dan mereka kemungkinan besar akan menyimpulkan bahwa pembunuh harus ditemukan di antara penduduk setempat, yang akan menunjukan reputasi orang Papua Barat buruk dan kesimpulan paslu lainnya, termasuk menjadi alasan untuk membunuh orang Papua bahkan lebih dari itu. Satu setengah tahun sebelumnya, seorang turis asal Jerman bernama Pieter Dietmar Helmut ditembak secara misterius oleh sniper tidak dikenal saat ia berenang di sebuah pantai di kota Jayapura, Papua.

Pemerintah Indonesia menyalahkan orang Papua Barat, tetapi kasus tetap belum terpecahkan. Banyak orang Papua Barat yakin bahwa penembakan memiliki tujuan tunggal untuk mendiskreditkan penduduk pribumi dan mengalihkan perhatian internasional dari pelanggaran hak asasi manusia di Indonesia yang diatur di Papua Barat. Dengan demikian, mengarungi sungai Balim adalah kepetusan yang berbaha, sehingga para pejuang ini meminta supaya kami mengakhiri rencana perjalanan kami melalui sungai dengan perahu karet dan pergi dari daerah itu se-segera mungkin. Malam sebelumnya mereka telah menyampaikan pada saya bahwa perjalanan dengan berjalan kaki bisa menempuh selama satu jam. Mereka juga mengatakan mengenai jejak-jejak kaki tindakan kekejaman yang dilakukan militer beberapa bulan sebelumnya dan mereka memintaku untuk melihatnya supaya bisa mendokumentasikan dengan kamera saya. Mereka sulit untuk menjelaskan, tetapi sesuatu yang harus dilihat, namun sekarang tidak ada waktu untuk itu. Sebaliknya, kita bergegas untuk melaksanakan demonstrasi kecil di depan honai pria.

Sebelum foto, saya menjelaskan lagi bahwa gambar ini akan dipublikasikan, sehingga saya merekomendasikan kepada mereka supaya berpikir dengan sangat hati-hati sebelum gambar-gambar tersebut menjadi resiko untuk dikenali orang – sekarang inilah saatnya untuk memutuskan. Beberapa sudah memutuskan untuk tidak terlibat, tetapi sisanya tetap ngotot supaya gambarnya diabadikan. Saya juga kembali menawarkan supaya menutupi wajah mereka dengan warna hitam, putih atau lainnya. Saya menawarkan salah satu dari mereka kacamata hitam, tetapi akhirnya mereka minta saya untuk menghormati keinginan mereka untuk difoto tanpa menutup wajah. Mereka bangga mengambil bagian dalam demonstrasi singkat yang begitu damai dan mereka ingin menampilkan gambar-gambar itu.

Beberapa telah mengenakan kaos merah dengan tulisan "Referendum", yang merupakan tujuan superior dari perjuangan: - Sebuah demokrasi referendum baru dilakukan secara adil dan damai dengan bantuan Perserikatan Bangsa-Bangsa, untuk menggantikan yang disebut "Act of Free Choice" yang diadakan pada tahun 1969, yang kemudian diganti namanya menjadi "Act of No Choice". Referendum pada tahun 1969 adalah saatnya menentukan nasip orang Papua Barat untuk mendapatkan kemerdekaan atau memilih untuk bersama Indonesia. Pemungutan suara dilakukan sedemikian rupa, tentara Indonesia memilih 1.026 orang Papua, dan dengan todongan senjata di kepala mereka memilih untuk tetap bersama Indonesia. Pemungutan suara dilakukan dengan menunjukkan tangan, dan tidak ada satu pun dari 1.026 orang yang ikut menentang pelaksanaan itu.

Selain tulisan "Referendum" ada tulisan lain yaitu "Lawan" yang tercetak di kaos berwarna merah, yang merupakan tulisan dalam bahasa Indonesia yang berarti perlawanan. Juga tertulis KNPB (Komite Nasional Papua Barat), nama gerakan pembebasan nasional Papua Barat yang bekerja untuk hak penentuan nasib sendiri melalui referendum. Baju berwarna merah melambangkan darah yang telah ditumpahkan oleh orang-orang Papua dalam perjuangan mereka untuk menentukan nasib sendiri. Saat kami mengepalkan tangan sebagai tanda perlawanan, saya membuat kesalahan saat mengepal tangan kanan saya. Saya tidak pernah menjadi komunis. Yang lain mengepalkan tangan kiri mereka, dimana melambangkan perlawanan. Tinju kiri sama sekali tidak ada hubungannya dengan komunisme. Setelah itu saya menyerahkan Bendera Bintang Kejora kepada komandan. Selama lebih dari 50 tahun bendera tersebut menjadi simbol persatuan dan perjuangan kemerdekaan dan keadilan di Papua Barat. Ribuan orang telah terinspirasi oleh bendera itu, yang merupakan ikon utama perjuangan kemerdekaan Papua Barat. Bendera Bintang Kejora adalah bendera yang dijadikan bendera tambahan dari bendera Belanda di New Guinea (1949-1962). Bendera ini pertama kali dikibarkan pada tanggal 1 Desember 1961 bersama dengan bendera Belanda, dan diturunkan pada tanggal 1 Oktober 1962, ketika daerah tersebut berada di bawah administrasi Otoritas Eksekutif Perserikatan Bangsa-Bangsa (UNTEA). Bendera itu memiliki 13 garis horizontal biru dan putih dan garis merah vertikal dengan bintang putih di tengahnya. Desainnya oleh Nicolaas Jouwe. Ke 13 garis tersebut mewakili banyak suku di Papua Barat. Garis merah adalah warna matahari terbit dan merupakan singkatan dari perjuangan politik dan darah orang-orang Papua. Bintang Kejora adalah bintang harapan, dan bersama-sama warna merah-putih-biru berdiri untuk rasa syukur.

Segera setelah demonstrasi kecil itu, kami berjalan kembali ke sungai tempat pejuang kemerdekaan membantu mengembang perahu kami. Setelah itu, sebagian besar pejuang kemerdekaan dibagi menjadi kelompok-kelompok kecil yang membagi rute yang berbeda-beda untuk pergi kembali ke tempat persembunyian mereka di pegunungan, sementara Wimmo dan 5 pejuang kebebasan pergi ke tepi sungai, dan kemudian menyeberangi sungai dengan perahu kayu. Idenya adalah bahwa kita akan bertemu di sebuah desa di seberang sungai beberapa kilometer lebih jauh. Dari sini kita akan melanjutkan misi pelarian keluar daerah sepanjang rute yang mana hanya diketahui oleh para kelompok pejuang ini.

Bagian terakhir dari perjalanan di Sungai Balim dengan perahu karet dilakukan dengan tenang dan tanpa masalah. Para pejuang kemerdekaan yang telah mengikuti kami sudah menyeberangi sungai, sudah siap dan menunggu saat kami tiba di tempat dimana kami bertemu. Disini kami mengemas barang dan terus berjalan sampai kami tiba di kampung tempat kami disambut oleh sekelompok pria yang ingin tahu siapa saya dan mengapa saya datang mengunjungi lembah ini. Mereka meletakkan beberapa papan di lingkaran besar di rumput di depan honai pria agar kita bisa duduk bersama dan berbicara.

Alasan mengapa kami berhenti di kampung ini karena kepala suku berpikir bahwa setelah kami menyeberangi sungai cukup aman bagi saya untuk meluangkan waktu bertemu dengan penduduk setempat di kampung itu, termasuk wanita, anak-anak dan orang-orang tua. Tidak ada orang di kampung itu yang mengenal pejuang kebebasan, Wimmo atau Elias. Saya ditunjuk sebuah kursi dalam lingkaran oleh sesepuh kampung yang memiliki banyak pertanyaan. Mereka menjelaskan mengenai pengalaman buruk mereka dengan orang-orang asing dari luar negeri, tidak hanya dengan tentara dan polisi Indonesia, tapi juga dengan misionaris kulit putih dan lainnya. Karena itu, mereka tidak mengajak sembarang orang. Setelah berbicara sebentar, seorang pria berdiri di tengah lingkaran, dimana dia memberikan pidato yang lebih panjang sampai dia menyambut saya dengan sejumlah ubi manis yang telah dimasak. Setelah itu semua orang menyambut dan menyapa saya dengan menyebut "WA WA WA WA" yang berarti terima kasih dan selamat datang dalam bahasa Dani. Saya membalas salam itu dan semua orang mendekati saya satu persatu untuk berjabat tangan dengan saya.

Seorang pria mengatakan kepada saya bahwa dia siap untuk berperang dan berjuang hingga darah penghabisan, dan dia bukan satu-satunya. Rakyat kami tidak harus terus menerus hidup di bawah penjajahan kolonial Indonesia yang mengerikan. Mereka sudah cukup menderita. Semua orang di kampung, termasuk orang-orang tertua, wanita hamil dan bahkan anak kecil pun berseru untuk merdeka, dan mereka semua adalah pendukung PAPUA MERDEKA yang sangat berdedikasi. Dia bertanya kepada saya, apa yang akan saya katakan jika saya melihat asap datang dari Papua Barat. Apa yang akan dilakukan dunia ini? Dia mengatakan bahwa rakyatnya tidak dapat menunggu lebih lama lagi bagi PBB dan dunia luar untuk mengambil tindakan, meskipun dia menambahkan bahwa dia senang telah datang dan memberikan dukungan saya untuk Papua Barat secara sukarela. Dia juga menganggap itu adalah ide yang bagus. Dia percaya bahwa jika satu juta orang dari semua negara di seluruh dunia bergabung dan pergi ke Papua Barat untuk melakukan demonstrasi damai di seantero negeri, maka Papua Barat akan segera merdeka. Tetapi rakyatnya kemungkinan tidak ada waktu untuk menunggu. Jika tidak ada perubahan yang terjadi segera, rakyat Papua mungkin akan punah dalam 20 tahun mendatang.

Saya diberitahu bahwa pasukan keamanan Indonesia sangat aktif di daerah tersebut. Beberapa orang telah mengalami penyiksaan, dan selama 50 tahun terakhir, mereka telah kehilangan banyak anggota keluarga yang telah terbunuh oleh pasukan keamanan Indonesia atau hilang tanpa jejak. Beberapa wanita yang lebih tua di kampung ini hampir tidak memiliki jari karena tradisi suku Dani jika seorang kerabat dekat, anak atau suaminya meninggal di medan perang, mereka akan memotong satu jari melambangkan kehilangan orang terdekatnya. Tidak jarang melihat wanita tua yang hanya memiliki jempol kiri, mencerminkan kerugian dan kekejaman yang dilakukan oleh militer Indonesia. Berbagai organisasi hak asasi manusia selama bertahun-tahun menghasilkan beberapa laporan yang mendokumentasikan tingkat dan karakter kekejaman militer. Salah satu laporan terakhir mencakup periode 2011-2013 yang diterbitkan tahun 2013 oleh Franciscans International (sebuah lembaga yang menyuarakan HAM di Perserikatan Bangsa-Bangsa) yang berjudul "Hak Asasi Manusia di Papua Barat 2013". Selanjutnya, Asian Human Rights Commission pada tahun 2013 merilis sebuah laporan berjudul "Genosida yang Terabaikan - Pelanggaran Hak Asasi Manusia terhadap orang Papua di Pegunungan Tengah Tengah, 1977-1978".

Tinggal di kampung itu beberapa jam dan saat sedang berlangsung, para prajurit yang tersisa menjaga daerah sungai dan lokasi lainnya, dan kami siap untuk melanjutkan perjalanan. Sebelum meninggalkan tempat itu, penduduk kampung ingin menyatakan dukungan mereka terhadap perjuangan kemerdekaan Papua Barat, sehingga kami mengambil sejumlah foto dalam kelompok. Kali ini diikuti oleh perempuan, anak-anak dan orang tua, yang tangan kiri mereka terkepal menunjukkan dukungan kemerdekaan Papua Barat. Setelah itu saya mengganti kartu memori di kamera dengan kartu lain dan menyembunyikan kartu memori itu di tempat yang aman.

Sekitar tengah hari kami pergi bersama dengan sebagian prajurit yang tahu rute perjalanan kami. Tanpa bantuan mereka kami tidak dapat menyelesaikan apa yang kami lakukan hari itu dan beberapa kali saya sangat terkejut dengan kebaikan mereka, dalam waktu singkat, mampu mengatur persembunyian dan perjalanan keluar dari kampung tersebut. Dua orang pergi ke depan dan menjelajahi medan, dalam perjalanan mereka berkomunikasi secara teratur melalui telepon genggam. Awalnya, kami berkeliaran di kebun ubi dan selanjutnya kami melewati hutan lebat. Saya mempersiapkan diri untuk berjalan lebih lama dan mengambil obat penghilang rasa sakit untuk menghindari terlalu banyak masalah dengan kaki saya. Dua kali kami menyeberangi Sungai Balim dengan perahu kayu yang diletakkan di tepi sungai. Rencananya adalah melintasi Lembah Balim menyeberang dan sampai di sebuah kampung dimana kami bisa menginap dengan aman dan kemudian hari berikutnya menuju sebuah jalan kecil dimana kami akan menunggu taksi yang membawa kami kembali ke kota Wamena tanpa ada yang melihat saya.

Saat kami menyeberangi sungai itu, arusnya sangat deras, terutama pada penyebarangan kedua dan terakhir. Saya diberi tahu bahwa pasukan keamanan Indonesia memiliki beberapa pos terdepan yang berjarak kurang dari setengah jam berjalan kaki. Dua prajurit yang membentuk garda depan telah bersembunyi sepanjang Sungai Balim dan menyaksikan segala sesuatu yang bergerak untuk menghindari dari pantauan orang lain selama penyeberangan sungai. Ketika kami berkomunikasi satu sama lain harus berbisik. Tidak boleh berbicara keras dan menyanyi, sekaligus penggunaan ponsel.

Di sore hari kami berjalan melalui kayu belukar lebat dan dengan rumput setinggi beberapa meter. Segera setelah itu, kami sampai di sebuah sungai kecil dengan air yang mengalir tenang, dimana seorang anak laki-laki dan seorang pria berdiri siap dengan tiga perahu. Beberapa jam berikutnya kami mendayung dan menggabungkan diri kami melalui area yang sangat rawa dan sulit, yang tidak mungkin bisa melewati tanpa perahu kayu. Perjalanan itu melewati hutan padat dengan alang-alang yang tinggi melewati manusia seperti atap rumah. Kami tidak bisa melihat ke langit dan ke gunung di bagian kiri dan kanan, termasuk harus selalu menunduk agar tidak kena di mata. Disini orang lain tidak mungkin melihat kami walaupun dari udara dan segera kami mulai merasa lebih nyaman, kecuali ular dan laba-laba yang bisa mengejutkan kami. Tapi kita tidak melihat banyak hewan, hanya beberapa burung. Tidak lama kemudian, rawa lebat tinggi itu digantikan dengan rawa air yang lebih terbuka dan dimana terbentang alam yang bervariasi antara hamparan rumput mengambang dan pulau-pulau kecil yang ditutupi semak-semak lebat. Lingkungan sekitarnya tampak sangat tak tersentuh dan saya berharap kami memiliki lebih banyak waktu di lingkungan yang indah ini. Kami melihat banyak burung indah, termasuk kawanan burung bangau putih kecil yang terbang saat kami mendekat. Menjelang malam kami akhirnya tibah di salah satu kampung dan kami harus mulai berjalan kaki menuju jalan raya untuk mendapatkan taksi perjalanan ini memakan waktu cukup lama. Setelah gelap kami menggunakan lampu jalan disepanjang perjalanan kami yang berlumpur hinga larut malam. Saat kami tiba di sebuah kampung, kami ditawari akomodasi di sebuah rumah lokal dan kemudian makan malam lalu tidur yang nyenyak. Kami semua kena luka ringan lainnya yang memerlukan perawatan untuk mencegah infeksi, terutama mereka yang telah menyelesaikan perjalanan dengan kaki kosong. Untungnya saya memiliki kotak obat yang bagus di dalam koper, sehingga semua orang bisa berobat "dengan keadaan darurat" dan merasa lega setelah itu kami bisa tidur dengan nyeyak.

Besok paginya kami bangun pagi-pagi dan berjalan cepat sampai di beberapa rumah yang terletak disepanjang jalan kecil. Disini, kami duduk di disamping rumah-rumah itu untuk beristirahat sejenak sambil menunggu taksi yang membawa kami kembali ke kota Wamena. Kami menunggu hampir empat jam sebelum akhirnya mobil datang, dengan alasan karena masalah pengapian di mesin tidak berjalan normal. Body dan alat-alat dalam taksi itu kebanyakan sudah rusak dan hilang, sehingga saat jalan bisa lihat aspal melalui lobang-lobang yang ada termasuk banyak menghasilkan bunyi-bunyian. Tengki bensin sudah lama hilang sehingga diganti dengan botol plastik dengan selang karet, diletakan dilantai antara kaki sopir dan penumpang. Bau busuk dari bensin sangat menggangu, jadi merokok tentu saja dilarang, tetapi mobil bisa jalan.

Sore hari kami sampai di Wamena, diam-diam saya ditampung di tempat yang murah, dimana saya tidak diminta untuk mendaftarkan nama, kewarganegaraan, nomor paspor, dll. Bahkan tikus pun bisa datang dan pergi sesuka hati. Saya tinggal di dalam rumah selama beberapa hari sementara saya mengemas ulang peralatan dan bersiap untuk meninggalkan Wamena. Tongkat biru dan perahu karet dan semua peralatan yang berkaitan ditutupi kain kabung tua dan dibiarkan di garasi untuk beberapa teman lokal saya yang bisa menggunakannya di Wamena. Pada siang hari saya mendapat kunjungan dari beberapa teman yang menasehati saya untuk segera meninggalkan Lembah Balim. Karena warna kulit saya, membuat saya sulit untuk bergerak di Wamena dan sekitarnya, sehingga saya harus berusaha tetap tidak terlihat dan mencari tempat tinggal lain untuk sementara waktu. Sementara itu, teman-teman saya akan mencoba mencari tahu apakah polisi mencari saya. Ketika saya kembali, saya diberitahu untuk menghubungi mereka segera dan mencari tahu apa yang telah mereka temukan.

Keesokan paginya, sebelum matahari terbit, saya diangkut dan dibawa ke bagian bandara dimana misionaris memarkir pesawat terbang kecil yang beroperasi di daerah paling terpencil di pegunungan tengah. Saya punya hubungan baik di pusat misi Sentani di Jayapura yang membantu saya menghubungi orang yang siap membantu ketika melakukan kunjungan ke beberapa tempat di pegunungan. Mereka bahkan menunggu saya untuk menghubungi mereka mengantar saya ke Angguruk.

Setelah bertemu dengan teman-teman saya pada hari sebelumnya, saya telah melakukan kontak dengan seorang pria menggunaka telepon genggam yang berjanji untuk memesan sebuah pesawat kecil ke Angguruk di daerah suku Yali, sekitar 30 menit penerbangan dari Wamena. Sejak awal saya sangat memprioritaskan kunjungan ke Angguruk, seperti pada kunjungan saya sebelumnya. Saya telah membuat banyak teman di antara orang-orang Yali dan oleh karena itu saya penasaran apakah saya akan bertemu dengan mereka. Bagian penting dari tujuan kunjungan ke Angguruk adalah saya ingin mencoba untuk mengetahui perubahan apa yang telah terjadi sejak kunjungan saya sebelumnya.

Saya sangat beruntung untuk mendapatkan kusri pesawat dalam waktu sinkat, jadi ketika saya menunggu selama satu jam, saya merasa lega karena saya naik ke pesawat kecil dan meninggalkan Wamena untuk ke Angguruk.

Kanibal terakhir

Saya beruntung bisa duduk di samping pilot asal Amerika, dimana sekaligus bisa memandang pemandangan yang sempurna. Selain pilot dan saya, ada kursi untuk enam penumpang di pesawat kecil itu, yang tak lama setelah matahari terbit lepas landas dari Wamena. Sisa kursi semua diduduki oleh orang Papua. Saya menyadari betul bahwa mayoritas dalam pesawat itu orang Papua dari suku Yali.

Bagian pertama dari perjalanan kami terbang rendah di atas Lembah Balim, dimana saya bisa melihat ada banyak perubahan sejak terakhir saya terbang di sepanjang rute ini. Di banyak tempat ada sawah, dimana sebelumnya kebun ubi. Selain itu, ada beberapa jalan yang dibangun di perkampungan dan jumlah rumah persegi dengan atap seng banyak. Tetapi tak lama kemudian kami segera terbang di atas pemandangan yang didominasi oleh pegunungan dan hutan belantara.

Cuaca tidak lebih baik, tetapi penerbangan itu sangat indah. Tidak lama kemudian kami sudah mulai mendekat daerah suku Yali. Saya bisa melihat bahwa disini juga terjadi perubahan besar. Sebagian besar hutan rimbah telah ditebang di banyak lokasi, dan landasan terbang telah dibangun untuk pesawat kecil sementara di sepanjang landasan ada rumah-rumah dengan atap seng yang memancarkan sinar matahari. Ketika saya pertama kali terbang di atas gunung-gunung itu, saya tidak melihat satu rumah pun dengan atap seng sebelum pesawat mendarat di Angguruk.

Setelah terbang sekitar 130 km, kami melihat landasan pacu di Angguruk, setelah itu pilot bersiap untuk mendaratkan pesawat. Sebelumnya, hanya mungkin mendarat di Angguruk dengan pesawat kecil, dimana hanya ada cukup ruang untuk 3-4 penumpang. Tetapi sekarang landasan terbang itu telah diperkuat dan ruang ganti telah dibuat, jadi bisa mendaratkan pesawat terbang yang memiliki kursi penumpang dua kali lebih banyak. Tetapi lereng gunung yang curam masih ada, sehingga kemungkinan masih sulit melakukan pendaratan, hanya membutuhkan pilot berpengalaman yang bisa mendaratkan pesawat dengan kursi yang lebih banyak.

Panjang landasan pacu berukuran 300 meter dan terletak di tepi sebuah lereng gunung yang curam, sehingga pendaratannya bukan untuk pilot magang yang baru saja mendapat lisensi pilot - atau untuk penumpang yang takut terbang. Saat kami mendarat, barang bawahan dalam pesawat itu dikosongkan, termasuk berbagai persediaan untuk komunitas kecil yang terisolasi. Ada banyak orang yang berdiri di samping landasan terbang, tapi tidak seperti jumlah yang sama dengan saat pertama kali saya mendarat. Dan juga berbeda dengan saat itu – sekarang semua orang mengenakan pakaian.

Tidak ada jadwal yang dijadwalkan untuk penerbangan masuk dan keluar dari Angguruk, tapi biasanya ada penerbangan beberapa kali dalam seminggu, tergantung kebutuhan, dan kondisi cuaca. Semuanya diterbangkan oleh pesawat terbang kecil, yang sebagian besar didanai oleh misionaris Kristen.

Setelah kedatangan saya, saya ditampung di rumah tamu tua, dimana tidak ada tanda perubahan besar sejak saya berada di sana. Di atas pesawat yang sama seperti saya juga tiba bersama seorang wartawan Papua, seperti saya juga tinggal di rumah tamu. Namanya Ilyok dan dia dipekerjakan oleh salah satu surat kabar harian lokal di Papua, yang sedang mempersiapkan sebuah artikel tentang situasi pendidikan dan sekolah di peunungan tengah. Ilyok berbicara bahasa Inggris dengan baik, yang mana bagi saya sedikit beruntung, karena tidak ada orang lain yang saya bisa temukan yang bisa berbicara bahasa Inggris.

Salah satu hal pertama yang saya lakukan setelah tiba adalah mengunjungi keluarga angkat saya yang tinggal di sebuah kampung kecil yang terletak di lereng bukit sekitar satu jam berjalan kaki dari lapangan terbang Angguruk. Saat saya tiba di kampung itu, kami mengalami satu kejutan dan sukacita reuni yang luar biasa hebatnya. Ada yang tertawa dan menangis, dan berpelukan diantara kami.

Saudara angkat saya, Pilemon telah meninggal dua tahun yang lalu karena tumor di belakang mata yang membuat saya sedih dan saya meletakkan bunga di kuburannya. Sebelumnya, ia pernah menjadi teman baikku, kontak person, pengawal dan penerjemah dan penafsir di Angguruk. Janda istrinya bernama Selina, anak perempuan mereka dan empat cucu mereka masih hidup dan tinggal di rumah yang dibangun Pilemon 20 tahun lalu. Delapan belas tahun sebelumnya, pada tahun 1996, saya melihat keponakan perempuan kecil yang baru lahir, namanya Jemina saat dia berusia kurang dari satu hari dan terbaring di Noken ibunya (tas tradisional Papua). Saya tinggal di rumah keluarga ini sementara ibunya hamil dan telah mengabadikan gambar bayi yang baru lahir. Foto itu milik saya dan selama ini saya yang pegang tetapi hari itu saya memberikan foto itu kepada mereka. Jemina saat ini sudah dewasa yang berusia 18 tahun yang bersekolah di Angguruk dan sebaliknya membantu rumah tamu yang besar bersama keluarga tersebut. Dia sangat senang dan terkejut ketika melihat foto-foto itu – paling tidak karena satu-satunya gambar yang ada gambarnya dan ibunya. Di dinding di dalam rumah tergantung gambar yang sudah tua dan sangat kotor berwana kuning. Foto itu saya dan Pilemon yang ambil 28 tahun sebelumnya. Sekarang saya membawa gambar baru untuk menempatkan di dinding rumah. Selama kunjungan itu, saya mengambil foto dengan kamera digital, yang sangat mempesona terutama bapak dan saudara perempuan Selina, karena mereka bisa melihat gambar mereka setelah beberapa detik usai memotret dan mengambil video.

Ayah Selina seorang pria yang berorientasi tradisional yang masih mengenakan koteka dan tali rotan yang khas di sekitar perut, yang terdiri dari potongan terpisah dari rotan yang sedikit lebar sekitar 5 mm, dimana meliliti tubuh seperti ban kuning. Di depan ditahan oleh koteka yang panjang. Dari mereka, hanya beberapa orang tua yang masih berpakaian dengan cara tradisional ini. Dalam waktu kurang dari sepuluh tahun kedepan mungkin akan sulit untuk menemukan pria dengan wujud tradisional seperti ini, yang menggunakan koteka sebagai pakaian sehari-hari mereka.

Ayah Selina tidak tidur di rumah keluarga bersama dengan wanita dan anak-anak, tetapi lebih suka tidur di gubuk kecil untuk dirinya sendiri. Itu bukan honai pria, karena perubahan kepercayaan agama tidak ada lagi di rumah tradisional yang ditinggalkan di kampung itu. Selama beberapa dekade para misionaris secara bertahap berhasil mengubah sebagian besar penduduk menjadi Kristen dan di banyak kampung di sana, dimana sekarang membangun gereja-gereja, yang menyelenggarakan pertolongan setiap hari Minggu. Dibandingkan dengan budaya Zaman Batu suku Yali, yang pernah saya buktikan selama kunjungan pertama saya ke daerah Yalimo tahun 1986, tetapi sekarang telah terjadi perubahan besar.

Perkembangan di sekitar Angguruk selama 50 tahun terakhir mungkin hampir bisa dibandingkan dengan perkembangan yang telah terjadi di Eropa yang lebih dari 5000 tahun. Di beberapa kampung, banyak honai yang sekarang tergantikan dengan rumah persegi empat dengan atap seng. Hampir kebanyak masyarakat di Angguruk telah menggunakan pakaian. Saya juga mendatangi kuburan Pilemon yang ditemani Jemina, keponakan saya, cucu dari Pilemon dan Selina di balik bukit di belakang rumah keluarga. Pemandangan dari atas bukit dekat kuburan kearah hutan sangat indah. Lokasi dekat situ bagus untuk beristirahat. Dalam pikiran saya, sewaktu Pilemon hidup mungkin sudah sering duduk disini.

Di sepanjang jalan kecil di lereng gunung, saya menemukan sudut pandang yang bagus mengenai pemandangan Angguruk, dimana saya bisa merasakan kesan perubahan yang telah terjadi dari waktu sebelumnya. Hal yang paling jelas adalah bahwa hutan yang ada sudah tidak seperti sebelumnya. Banyak pohon besar telah ditebang dan hutan dibuka untuk perkebunan, termuasuk di daerah terjal, akhirnya terjadi longsor yang parah. Sebelumnya, beberapa tempat di Angguruk termasuk sempat hancur akibat tanah longsor, akibatnya beberapa bangunan dan lahan perkebunan di belakang gereja runtuh. Dimana semuanya tergusur dan hilang ke sungai, untungnya tidak ada korban manusia. Pengenalan akan kampak baja dan peningkatan pertumbuhan penduduk telah mengakibatkan perluasan areal pertanian untuk budidaya keladi dan ubi jalar, dan tanaman impor seperti jagung, tebu, kentang, sayur bayam, kacang-kacangan, nenas, dan banyak lagi bahan lainnya. Namun penebangan hutan yang dikombinasikan dengan curah hujan akibat perubahan iklim menyebabkan erosi dan tanah longsor di lereng-leren gunung.

Selama saya tinggal di Angguruk, janda dari Pilemons yang bernama Selina dan keponakannya, Jemina mengurus semua makan minum saya. Selina dan Jemina senang memasak dan menyiapkan makanan yang baik dari ubi, keladi dan berbagai buah-buahan dan sayur-mayur dari Papua. Sering mereka menyajikan makanan tadi dengan saus merah yang terbuat dari Buah Merah. Itu sangat lezat dan kami senang tinggal di rumah tamu ini. Ada tempat tidur nyaman, toilet dan kamar mandi, tetapi tidak ada listrik dan tidak ada sambungan telepon. Satu-satunya kontak dengan orang diluar Angguruk adalah radio VHF yang disediakan perusahaan misi. Di malam hari kami duduk dengan lilin dan lampu bertenaga surya yang kecil. Selina dan Jemina pindah ke salah satu kamar di ujung rumah itu, dan setiap hari mereka membersihkan, memasak, mencuci pakaian dan mengurus semuanya di dalam rumah itu. Selama kami tinggal di Angguruk, kami menghabiskan banyak waktu bersama mereka, dimana kami duduk dan mengobrol setelah makan malam. Saya menerima banyak laporan tentang apa yang telah terjadi di daerah itu, sejak kunjungan terakhir saya. Di malam hari orang sering masuk ruang tamu untuk menyalami kami, atau anak-anak kecil datang bersama ibu mereka, karena mereka ingin bernyanyi bersama dengan Ilyok, seorang wartawan. Dia adalah mantan guru dan mencintai anak-anak. Dia sangat senang bisa meluangkan waktu menyanyi dan bermain gitar untuk anak-anak, dimana intinya saling menguntungkan. Bahkan anak-anak kecil, yang belum belajar

80

berjalan, bertepuk tangan dengan antusias dengan ritme gitar dan bernyanyi dengan semangat.

Saya menikmati suasana yang menyenangkan dan damai, dan pengalaman di Lembah Balim secara bertahap mulai terbawa ke waktu sebelumnya. Angguruk adalah tempat terpencil dan sepi, dimana saya bisa bersantai, dan tempat dimana saya merasa nyaman. Selama saya tinggal di Angguruk, saya hanya bertemu orang yang ramah dan murah senyum. Saya adalah satu-satunya "Orang Asing " (Pria Putih) di daerah tersebut. Semua orang Papua, tidak ada misionaris dan tidak ada orang Indonesia.

Selain pergi cepat-cepat mungkin dari Wamena di Lembah Balim, tetapi bagian ini penting karena juga menjadi tujuan saya mengunjungi keluarga angkat saya di Angguruk. Saya anggap perjalanan ini juga merupakan bagian penting, dimana saya ingin melihat perubahan apa yang telah terjadi sejak saya mengunjungan daerah ini waktu itu.

Sangat beruntung karena wartawan Ilyok tiba dengan penerbangan yang sama dan dia juga tinggal di rumah tamu ini. Tanpa dia sebagai penerjemah, saya belum bisa berkomunikasi dengan orang-orang dan berhubungan dengan beberapa orang yang pernah saya temui sebelumnya. Dari Denmark, saya membawa sejumlah foto-foto yang saya harap bisa saya tinggalkan di sekolah dan menunjukan pada anak-anak tentang foto masa lalu dari orang tua mereka ketika masih muda. Beberap tahun sebelumnya, saya telah menulis sebuah buku dokumenter foto tentang anak laki-laki dari suku Yali dan pertemuan pertamanya dengan dunia luar. Buku ini diterbitkan dalam bahasa Denmark dengan edisi kecil berjudul "Puwuls verden - Et truet naturfolk" ("Dunia Puwuls - Sebuah masyarakat pribumi yang terancam punah"), diterbitkan tahun 1991 oleh Borgen, Copenhagen, Denmark. Saya telah membawa beberapa salinan buku yang ingin saya berikan ke sekolah. Buku itu memuat banyak foto warna, sayangnya teks dalam buku itu menggunakan Bahasa Denmark tetapi saya pikir tidak masalah bagi anak-anak, karena foto-foto itu akan menceritakan semuanya itu. Mereka juga setelah melihat foto-foto dalam buku itu pasti bisa menceritakan pengalaman ini lebih baik dari apa yang saya bisa lakukan.

Di waktu awal kami tinggal, Ilyok sibuk mengumpulkan materi untuk sebuah artikel tentang kondisi di sekolah dan situasi pendidikan di pegunungan tengah pada umumnya. Dia pernah mengunjungi Angguruk sebelumnya dan mengenal beberapa orang, jadi melalui dia saya bisa dalam waktu singkat, untuk berhubungan dengan salah satu guru yang cukup penasaran dengan Puwul, tokoh utama dalam buku yang saya tulis itu. Ternyata guru ini mengenal Puwul dan Puwul adalah rekannya semasa sekolah di Sekolah Dasar Angguruk. Mereka pergi ke sekolah dan bermain bersama sejak Puwul diijinkan bapakanya untuk beberapa waktu bersekolah. Sementara, guru tadi mengajak saya datang ke sekolah pada esok paginya untuk memberitahu anak-anak tentang pengalaman saya dengan budaya Yali 28 tahun lalu, yang tentunya saya sangat senang melakukannya. Ia merekomendasikan agar saya memberikan beberapa gambar ke kepala rumah sakit, yang sedang mengerjakan pengorganisasian pusat kebudayaan lokal yang juga akan berfungsi sebagai semacam museum dengan gambar, seni dan objek dari budaya tradisional Yali. Ilyok awalnya bermaksud hanya tinggal beberapa hari di Angguruk, namun karena cuaca mendung dan kondisi penerbangan yang buruk sehingga dia tetap tinggal di rumah tamu itu. Karena dia orang yang baik hati dan juga merasa menarik untuk mendengar tentang budaya suku Yali, dia menghabiskan banyak waktu untuk menafsirkannya kepada saya.

Pada hari-hari berikutnya, saya bertemu dengan beberapa orang yang berbicara tentang orang-orang yang pernah saya kenal. Suatu siang saya mendapat kunjungan dari mama Puwul, Tebora yang sempat mendengar bahwa saya senang berada di Angguruk dan oleh karena itu dia telah datang jauh-jauh dari kampung, yang terletak setengah jalan di atas sebuah gunung yang curam, yaitu sekitar dua stengah jam perjalanan, termasuk menyeberangi sungai. Dia didampingi adik perempuannya dan saudara perempuannya yang datang kemudian bersama suaminya, yang juga ingin bertemu dengan saya. Tebora memberi saya "noken" (tas tradisional), dengan keladi dan sayur-mayur. Saya mengembalikan hadiah itu dengan lima kantong tembakau dan tiga kantong garam, serta beberapa gambar yang saya ambil di kampung itu dalam kunjungan terakhir saya, yang membuat mereka senang. Tebora membawa buku yang telah saya tulis tentang anaknya dan juga telah saya berikan kepada Puwul dan suami Tebora yang meninggal sepuluh tahun lalu, yang pada waktu itu adalah kepala kampung. Tebora telah merawat dan menyimpan buku itu dengan baik, yang masih utuh. Gambar-gambar mereka dalam buku itu adalah satu-satunya dan satu-satunya buku selain Alkitab yang ada di kampung. Banyak orang terhibur ketika melihat gambar mereka dalam buku itu, jadi berkali-kali mereka membuka halaman buku itu. Tebora mengatakan kepada saya bahwa telah terjadi banyak perubahan di kampung itu. Sejak kunjungan terakhir saya, sebuah gereja kecil telah dibangun dan beberapa rumah dengan atap seng. Di lereng gunung ini telah terjadi tanah longsor parah yang telah menghancurkan areal perkebunan. Selanjutnya, saya diberitahu bahwa jembatan tradisional di atas sungai, yang sebelumnya telah dibangun dari kayu bulat yang dilapisi oleh kayu, sekarang digantikan dengan besi kawat.

Tebora melewati masa-masa sulit. Suaminya telah menghilang ketika berburu di hutan beberapa tahun setelah kunjungan terakhir saya. Dia tidak pernah ditemukan, dan tidak ada yang tahu apa yang terjadi padanya. Juga istri keduanya tidak tahu mengenai suaminya. Diduga karena sakit atau terserang penyakit yang tidak diketahui, yang juga merupakan kerugian besar. Puwul yang berusia sembilan tahun ketika saya abadikan foto-foto di dalam buku itu, kini telah menjadi dewasa dan usianya 37 tahun. Hal terakhir yang diketahui keluarga mengenai Puwul adalah lima tahun lalu Puwul bekerja sebagai penebang liar untuk perusahaan penebangan kayu Australia di Papua Nugini. Delapan tahun lalu, Puwul berjalan kaki dengan kaki telanjannya sepanjang jalan dari kampunya ke Jayapura – dari tempat dimana dia melarikan diri menyeberangi perbatasan ke Papua Nugini. Salah seorang saudara perempuannya terbunuh oleh tanah longsor, sementara saudara perempuan lainnya menikah dan tinggal di Wamena kota. Saudaranya tinggal di suatu tempat di pinggiran kota Jayapura dan saudara angkatnya yang tertua telah menjadi asisten pendeta dan tinggal di kampung yang bisa ditempu selama tiga hari dari Angguruk. Keluarga dekat mereka yang tersisa tinggal di kampung adalah Tebora, mamanya dan adik perempuannya.

Suatu hari, seorang pria tua bernama Sulik Siringon datang dan mengunjungiku di rumah tamu di mana saya tinggal. Dia adalah pria tertua di daerah itu, semua orang seusianya dan teman-temannya sudah meninggal dunia. Dari apa yang dia katakan kepada saya, saya dapat mengetahui bahwa dia kemungkinan berusia sekitar 80 tahun yang merupakan usia yang sangat tua bagi seseorang di daerah Yalimo. Usia Sulik cukup mudah dihitung, karena orang-orang di Lembah Yahuli (sebutan di lembah di daerah Yalimo) memiliki pengalaman pertama mereka dengan dunia luar pada tahun 1945, ketika sebuah pesawat pengintai militer AS jatuh di sebuah bukit yang penuh hutan, di mana ia menyebabkan ledakan dan api yang sangat besar beberapa kilometer di sebelah timur kampung Pasikni. Tak satu pun awak kapal selamat dan pesawat yang jatuh masih ada di sana. Kecelakaan pesawat datang mengejutkan orang-orang Lembah Yahuli yang belum pernah melihat pesawat terbang atau mendengar hal seperti ini. Sulik, seperti ribuan orang lainnya di lembah tersebut secara personal menyaksikan kecelakaan yang menyebabkan bunyian besar itu. Semua orang ketakutan dan di sepanjang desa mereka mengorbankan banyak babi. Aktivitas berkebun di kebun-kebun untuk beberapa hari dihentikan. Saat itu Sulik memakai koteka sebagai anak laki-laki berusia 10-12 tahun dan tidur di rumah pria tersebut karena sudah melewati proses inisiasi, yang berarti Sulik dilahirkan sekitar tahun 1933 sampai 1935.

Ketika Sulik masih muda, kehidupan sangat berbeda di daerah suku Yali, dimana orang-orang di daerah ini hidup selama ribuan tahun terisolasi di pegunungan terpencil dengan sungai-sungai yang menembus medan yang sangat kasar terdiri dari gunung-gunung yang sempit dan lembah yang curam dengan kabut liar. Hutan rimbah yang tak tertembus selama ribuan tahun suku Yali telah mengembangkan budaya dan bahasa mereka sendiri. Isolasi dan kondisi kehidupan yang sangat keras di pegunungan terpencil dan tidak terjangkau yang dikelilingi oleh suku-suku yang bermusuhan, telah beribu-ribu tahun menghasilkan perkembangan evolusioner yang membuat orang Papua menjadi minoritas di tanahnya sendiri.

Tepat memperingati hari ulang tahun ke 25 pertama kali kontak orang luar dengan suku Yali, saya bertemu dengan Sulik di lereng gunung sedikit jauh dari Angguruk ketika itu pada tahun 1986 dia masih menjadi kepala suku penting di Angguruk. Saat itu ia masih menggunakan kapak batu dan dipersenjatai dengan busur dan anak panah, pakaiannya terdiri dari rotan yang mengelilingi di sekitar perut yang di tahan oleh sebuah koteka panjang di depan. Satu lagi, ia memiliki potongan kayu kecil yang dimasukan di lobang hidungnya tepat ditulang tulang rawan. Salah satu foto yang saya ambil dari Sulik saat itu kemudian dijadikan foto sampul untuk buku dokumenter foto saya tentang suku Yali (halaman 166).

Sulik memiliki ingatan yang sangat baik dan mengingat beberapa nama orang-orang yang muncul di beberapa gambar yang saya bawa, tetapi sekarang malah harus digunakan di pusat kebudayaan masa depan. Dengan bantuan Ilyok (penerjemah bahasa Inggris-Indonesia) dan guru dari sekolah (sebagai penerjemah Indonesia-Yali) saya mendapat beberapa informasi dari Sulik tentang sejarah Angguruk, dimana saya merekam beberapa dalam rekaman video. Sulik sangat senang diwawancarai dan merupakan orang yang baik, hidup dan berkomitmen. Matanya yang tua berkilau dengan kehidupan saat dia mengingat kenangan masa-

84

masa mudanya dan berbicara tentang berbagai peristiwa di masa lalu. Dia telah menyaksikan semuanya dari sebelum kontak pertama dengan dunia luar sampai hari ini.

Sulik adalah seorang prajurit muda dan tangguh serta kepala suku pada saat misionaris pertama di tahun 1961 tiba dari pegunungan dan memulai misi mereka di Angguruk. Sebelum para misionaris tiba di Angguruk, perang antara suku umum terjadi dan orang-orang dari suku Yali telah mempraktekkan kanibalisme sebagai demonstrasi tentang kebencian dan balas dendam.

Permusuhan sering muncul karena perampokan wanita dan perampokan wanita dari kampung lain ke kampung lain. Sulik secara pribadi telah mengambil bagian dalam pembunuhan dan memakan orang dari suku tetangga yang bermusuhan. Tentang pertanyaan bagaimana rasanya memakan daging manusia; dia menjawab bahwa itu lebih baik daripada daging babi. Selain itu, dia mengatakan kepada saya bahwa daging manusia selalu dibakar batu dengan cara yang sama seperti memasak daging babi – bahwa orang-orang dari suku Yali hanya makan daging dari musuh dan wajahnya tidak diketahui.

Sekarang, Sulik telah beralih menjadi Kristen dan telah dibaptis sejak lama. Dia tidak lagi mengenakan koteka dan rotan di sekitar perutnya, tetapi menggunakan celana pendek dan baju. Dia tidak pernah memiliki sepatu atau sendal dan selalu berjemur panas. Karena usianya yang sudah tua, ia sudah mulai menggunakan tongkat, namun tubuhnya masih dalam kondisi cukup baik dan bisa berjalan-jalan disekitar Angguruk tanpa bantuan.

Sulik telah membantu para misionaris untuk membangun landasan terbang dan mengalami hari-hari pertama dimana pesawat pertama kali mendarat di Angguruk. Sekarang, semua orang yang dia tahu sejak saat itu telah meninggal, dan semuanya telah berubah. Dia adalah orang terakhir di daerah yang pernah hidup dalam budaya asli Zaman Batu sebelum suku Yali memiliki kontak dengan dunia luar.

Sulik mengatakan kepada saya bahwa hari ini, orang-orang dari suku Yali sangat sedih karena para misionaris (di antara banyak hal lainnya) telah membuat mereka membakar batu-batu suci dan benda-benda adat mereka, karena batu-batu itu bukan hanya bagian dari agama tradisional, tetapi juga mewakili sebuah kepentingan penting yan merupakan bagian dari budaya dan sejarah mereka.

Para misionaris membawa agama Kristen, membangun lapangan terbang, sekolah dan rumah sakit di Angguruk. Beberapa perubahan sudah bagus, sementara yang lain tidak begitu bagus. Menurut Sulik, orang-orang di daerah tersebut jauh lebih kuat dan berada dalam kondisi kesehatan yang lebih baik sebelum misionaris datang. Lebih jauh lagi, dia mengatakan bahwa misionaris pada beberapa kesempatan telah menghubungi polisi dan militer Indonesia melalui radio untuk melindungi misi tersebut dengan konsekuensi beberapa pejuang Yali ditembak. Pasukan keamanan Indonesia telah sepenuhnya bersenjata diterbangkan dengan pesawat misionaris karena masyarakat adat telah menunjukkan permusuhan dan oposisi terhadap misi tersebut. Selain itu, dia mengatakan bahwa seorang dokter telah bereksperimen dengan mengantikan mata manusia dengan mata babi kepada beberapa pejuang, yang telah ditembak dengan panah di mata. Sementara, di tengah halaman rumput yang dipangkas di depan rumah sakit kecil di stasiun misi itu, ada sebuah monument jejak kaki salah satu misionaris yang dibuat dengan semen.

Desain monument itu terdiri dari lukisan yang dilukis seperti yang dibuat dari beton yang menggambarkan dua misionaris kulit putih disambut oleh lima pemimpin Yali, pria di barisan depan berlutut ke misionaris dengan tangan terulur di bawah sebuah Sinar matahari menerobos awan. Sulik mengidentifikasi dirinya sebagai pemimpin, berdiri di belakang pria yang sedang berlutut. Kedua misionaris itu berambut pirang dan berpakaian identik dengan kaus kaki hitam dan sepatu, celana pendek putih cerah dan kemeja dengan lengan digulung. Misionaris yang paling depan itu memegang Alkitab di satu tangan sementara dia mengulurkan tangan satunya ke tangan orang yang sedang berlutut. Di belakangnya berdiri misionaris lainnya yang sedang memegang jarum suntik besar di tangan kanannya. Karya misionaris di Angguruk digambarkan dalam buku "Vergessene Welt" oleh Siegfried Zöllner (diterbitkan tahun 2013 oleh Wahine Verlag, Dusseldorf, Jerman) dan "Yalimo" oleh Suzanne Reuter (diterbitkan 2011 oleh Wahine Verlag, Dusseldorf, Jerman). Kedua buku tersebut ditulis dalam bahasa Jerman.

Sulik tinggal sendirian di honai kecil yang sedikit kusam, antara beberapa pohon pisang di atas lereng di dekat landasan terbang, tempat ban pesawat menyentuh tanah saat mendarat. Suatu hari dia mengundang saya ke dalam gubuk tempat dia tidur dan tinggal dengan beberapa barangnya. Saat kami duduk di lantai dekat perapian di pondok kecil itu, dia mengatakan kepada saya bahwa kadang-kadang dia merasa kesepian dan rindu melewatkan masa-masanya ketika bergurau di honai laki-laki, yang membuat saya mengajaknya makan dan tinggal bersamaku di wisma tempat saya tinggal. Sulik senang dengan tawaran itu, tapi dia lebih suka tidur di samping perapian dirumahnya, dan kemudian dia tidur siang di sofa di ruang tamu wisma setelah makan siang. Seperti yang sering terjadi pada orang tua, Sulik tidak suka terlalu banyak perubahan. Rumahnya di tepi lereng gunung dekat landasan pacu persawat, yang memberi pemandangan ke pegunungan dan sungai Yahuli bagian bawa lembah. Dia merasa betah dan lebih suka tidur di malam hari.

Suatu hari kami turun ke ujung lapangan terbang tempat Sulik berdiri di tepi lereng gunung dan menjelaskan kepada saya betapa bentang alamnya telah berubah sejak itu. Sebagian besar hutan rimbah telah dibuka menjadi kebun akibatnya terjadi banyak longsor di daerah ini.

Saat kami berjalan di landasan terbang, Sulik memberitahuku bagaimana bangunan itu dibangun. Semua pekerjaan itu dilakukan dengan tangan kosong dan peralatan batu, sangat sulit dilakukan. Ada ratusan orang yang bekerja selama berbulan-bulan, juga kedua misionaris tersebut ikut dalam kerja keras, namun mereka menggunakan gerobak dan sekop. Sulik tiba-tiba bergairah saat dia spontan mulai berbicara tentang kedatangan pesawat pertama. Tiba-tiba dia lari ke kaki tuanya di tengah landasan pacu, sementara dengan kedua tangannya terulur dan tongkat di tangannya dia mencoba membuat suara seperti mesin pesawat terbang, saat dia mendemonstrasikan bagaimana pesawat pertama mendarat.

Keesokan harinya saya bertemu dengan seorang anak laki-laki bernama Albert di landasan pendaratan itu. Dia berusia sembilan tahun, yang seumuran dengan usia ketika saya datang ke Angguruk pada tahun 1986, saat foto-foto dalam buku dokumenter foto saya diambil. Sekarang anak-anak di daerah sekitar Angguruk agak berbeda dengan ketika saya terakhir mengunjungi daerah tersebut, dibandingkan dengan dunia Puwuls, Albert yang hidup dalam waktu yang sangat berbeda. Albert bermain sepak bola, pergi ke sekolah dan memakai pakaian. Sekarang semua orang berpakaian, terutama baju dan celana bole sangat populer.

Sepak bola punya tempat yang sangat istimewa di hati generasi muda Papua, khususnya Angguruk. Di bekas pasar di sebelah landasan terbang ada lapangan sepak bola dimana kebanyakan anak remaja menghabiskan waktu bermain sepak bola. Sebelumnya anak-anak usia ini melakukan aktikvitas dengan anak panah di hutan sambil melatih menembak, tetapi sekarang mereka berali bermain sepak bola. Saya tidak melihat satu anak laki-laki dengan busur dan anak panah.

Perubahan lain yang sangat menonjol terjadi adalah cucian mereka dijemur di luar honai. Banyak kaus sepak bola nilon dengan warna terang yang terkesan merupakan kontras yang aneh dengan lingkungan hijau yang sebaliknya ditandai dengan kampung-kampung kecil.

Sekolah di Angguruk telah banyak berubah sejak kunjungan terakhir saya. Bangunan dan bahan ajar ditingkatkan tapi hanya ada dua guru yang mengajar untuk lebih dari 340 anak, dan hanya kepala sekolah yang aktif menerima gaji dari pemerintah. Guru pendamping mengajar secara gratis untuk membantu saudara-saudarinya sendiri. Dia orang asli Yali yang dilatih sebagai guru di universitas di Jayapura. Dia sangat berkomitmen. Selama empat tahun dia hidup dengan sumber hidup dari berkebun karena tidak digaji. Di sekolah itu ditugaskan lima orang guru orang non-Papua, tetapi mereka tidak pernah mengajar di sekolah itu. Mereka ditugaskan dua tahun lalu dan untuk saat ini tidak perna mengajar lagi tetapi menurut laporan mereka masih menerima gaji bulanan mereka oleh pemerintah sebagai guru di Angguruk. Pada kenyataannya mereka hanya berada di sana selama dua hari sebelum mereka pergi dan tidak perna kembali. Tidak ada yang tahu keberadaan mereka sejak mereka tinggalkan Angguruk. Instansi pemerintah daerah yang bertanggung jawab atas pembangunan masyarakat di kabupaten tersebut belum pernah berkunjung ke sekolah tersebut. Di kampung Pasikni, dimana baru dibangun sebuah landasan pendaratan untuk pesawat kecil. Disitu sudah ada sekolah menengah pertama setahun yang lalu, tapi tertutup dan bangunan sekolah terbengkalai dan ditinggalkan, sehingga siswa-siswa tersebut harus berjalan jauh ke Angguruk untuk bersekolah, dimana siswa yang lebih tua sering bertugas sebagai guru untuk yang lebih kecil atau mudah.

Selama perjalanan ini, saya berbicara banyak dengan pilot asing, misionaris dan lain-lain yang telah bekerja bertahun-tahun di Papua, beberapa di antaranya percaya bahwa 80-90 persen uang yang harus diberikan kepada kesehatan dan pendidikan hilang karena korupsi dan hilang di kantung-kantung yang salah. Jadi hanya 10-20 persen uang yang digunakan untuk tujuan-tujuan pembangunan.

Seharusnya ada empat belas sekolah di daerah Yalimo, tapi lima ditutup karena guru-guru non-Papua telah meninggalkan sekolah, namun gaji mereka tetap dibayar. Dari sembilan sekolah yang tersisa, hanya ada lima sekolah dengan guru terlatih, dan salah satunya adalah Angguruk. Sisa empat sekolah dimana tidak ada guru terlatih, dijalankan oleh masyarakat setempat yang bekerja sebagai guru sukarela tanpa upah.

Saya diundang oleh para guru di Angguruk untuk mengajar di sekolah, jadi saya mengajar beberapa siswa di kelas lima. Ilyok sang jurnalis menerjemahkan semua yang saya sampaikan kepada anak-anak dalam bahasa Indonesia karena dilarang mengajar dalam bahasa lain. Hari itu, saya memperkenalkan pelajaran budaya dan kemudian saya menunjukkan kepada siswa beberapa gambar yang saya ambil selama kunjungan pertama saya. Saya menceritakan pengalaman saya di daerah sekitar Angguruk pada saat orang tua mereka masih anak-anak, ketika semuanya benar-benar berbeda. Anak laki-laki itu tertawa saat melihat foto anak laki-laki seumuran mereka, yang bisa menjadi ayah mereka, yang benar-benar telanjang kecuali koteka kecil yang membalut kemaluan mereka.

Ketika saya bertanya berapa banyak siswa di kelas ini yang mampu menghasilkan selembar piring dari kulit kayu yang tahan air, hanya satu anak laki-laki yang mengangkat jarinya. Sebelumnya, bagian ini sesuatu yang bisa dilakukan oleh anak laki-laki berusia 8-10 tahun di hutan hanya dalam waktu lima menit dengan menggunakan bahan-bahan lokal yang ada di alam. Ketika saya menjelaskan kepada anak-anak, bahwa Puwul sedang makan katak mentah di salah satu gambar di buku itu, anak-anak tidak mempercayai saya. Ketika saya bertanya apakah ada anak-anak yang menggunakan busur dan anak panah, tidak ada yang mengangkat jarinya. Tapi pertanyaan tentang berapa banyak yang bermain sepak bola mengangkat jari mereka dan merentangkan kedua lengan mereka tinggi-tinggi di udara, sementara mereka tersenyum dan tertawa, bahkan beberapa gadis yang duduk di kelas.

Suatu hari kami mengunjungi rumah sakit baru yang kurang dari setahun sebelumnya telah dibangun dan dibiayai oleh program kesehatan pemerintah Indonesia. Lantai semen rusak karena campuran semen yang kurang, beberapa tempat lantainya berubah menjadi pasir. Perusahaan konstruksi Indonesia yang seharusnya membangun rumah sakit baru telah meninggalkan proyek jauh sebelum pembangunan selesai. Mereka hanya menggunakan sebagian kecil dari anggaran yang direncanakan di gedung tersebut, sebagian besar uang itu dilaporkan dikorupsi dan berhasil masuk ke kantong pejabat. Ketika mereka meninggalkan Angguruk mereka mengklaim bahwa rumah sakit telah selesai dibangun dan siap dioperasikan, namun bangunan itu sekarang kosong dan sudah rusak.

Tepat di sebelah rumah sakit lama dibangun rumah sakit baru. Rumah sakit tua, yang pada masanya dibangun oleh misionaris Jerman dan Belanda itu kondisinya buruk, namun masih digunakan. Padahal, waktu itu rumah sakit di Angguruk dikenal sebagai rumah sakit yang terbaik di seluruh wilayah Pegunungan Tengah Papua, dimana secara keseluruhan hanya ada tiga rumah sakit kecil. Namun, tidak ada dokter di rumah sakit karena dia telah pergi dari Angguruk, meskipun dia masih bekerja dan mendapat gaji sebagai dokter setiap bulannya. Di rumah sakit itu ada seorang perawat non-Papua dari Sulawesi yang baru saja kembali ke Sulawesi. Kabarnya dia akan kembali dalam empat bulan. Saat berada di Angguruk dia juga mengelola kios kecil miliknya dan banyak menghabiskan waktunya untuk berbisnis. Kemudian saya berbicara dengan seorang pilot misionaris yang mengatakan kepada saya bahwa sudah umum bagi dokter, perawat, guru, dan pegawai negeri Indonesia lainnya untuk tidak tinggal di pos terpencil, dimana mereka dipekerjakan dan menerima upah untuk bekerja. Dalam beberapa kasus, mereka tetap tinggal dengan alasan bahwa tidak ada guru yang mengajar anak-anak mereka - atau dokter dan perawat jika mereka sakit. Juga diketahui bahwa beberapa dari mereka menjalankan bisnis di samping upah yang mereka terima dari pemerintah.

Kondisi di rumah sakit sangat buruk. Kami ditunjuk oleh kepala rumah sakit, seorang pria berpakaian putih dari suku Yali, yang selama bertahun-tahun telah dilatih sebagai perawat yang membantu misionaris, saat mereka masih di Angguruk. Secara ekonomi rumah sakit tersebut masih didukung oleh Gereja Kristen Protestan di Jerman yang semula mendirikan misinya. Selama tur saya mengenal sedikit tentang keadaan kesehatan di daerah sekitar Angguruk dimana masyarakat menderita beberapa penyakit yang berbeda, termasuk HIV dan AIDS, malaria, tuberkulosis, cacingan, diare dan banyak lagi. Ada beberapa pasien yang mengindap di rumah sakit. Ketika kami sampai di ruang tunggu, kami melihat seorang ibu mengantar bayinya yang berusia enam bulan yang kepalanya terpukul keras dan serius akibat kecelakaan di kebun. Kecelakaan itu disebabkan batu yang bergulir karena gusuran kecil yang disebabkan seekor babi yang berada di atas lereng bukit. Seorang anak gadis kecil kepalanya terpukul saat dia terbaring tidur dalam noken tradisional di dekat ibunya, yang sedang menanam ubi di sebuah kebun di lereng bukit yang curam. Kepalanya berdara dari benjolan di kepala dan tak sadarkan diri saat dibawa ke rumah sakit. Kemudian anak tersebut terbangun saat dilakukan perawatan oleh petugas di rumah sakit, dia diberi suntikan analgesik dan sedatif. Tidak banyak lagi yang bisa dia lakukan. Seminggu setelah kecelakaan itu, saya mengunjungi gadis kecil itu di rumah sakit untuk mengetahui apakah dia sudah sembuh. Dia dirawat di bangsal pribadi dengan ibu dan ayahnya yang tidur di lantai di ruangan kecil itu. Kedua orang tua sepakat bahwa anak itu telah membaik. Dia benar-benar terjaga dan 100% menyadari kehadiran saya saat memasuki ruangan, tapi mata kirinya sedikit ke bawah dan tampak agak miring dan tidak fokus dibandingkan dengan mata yang lain, yang menurut orang tua terbentuk setelah kecelakaan itu.

Kepala rumah sakit adalah seorang pria yang berasal dari suku Yali-Mek. Dia pernah bekerja di rumah sakit di Angguruk selama 17 tahun, enam tahun terakhir sebagai kepala. Ia dilatih sebagai perawat dan memiliki ijazah dalam perawatan medis (D III). Dia sangat berkomitmen terhadap pekerjaannya dan melakukan semua yang dia bisa lakukan untuk membantu orang-orang yang dibawa ke rumah sakit. Disampingnya ada tujuh orang asisten lokal tanpa pelatihan medis, tetapi tetap bekerja di rumah sakit sebagai pembantu praktis.

Beberapa orang dibawa ke rumah sakit, sementara kami berada di sana. Tempat itu adalah tempat yang sibuk untuk bekerja. Ada satu wanita pingsan yang dibawa dan ditempatkan di sofa di sebelah pintu belakang ruang rumah sakit itu, dia terjatuh dan kepalanya terpukul. Saat kami meninggalkan rumah sakit dia masih pingsan.

Sebagian besar orang yang dirawat di rumah sakit Angguruk dipenuhi oleh anggota keluarga yang merawat mereka dan memberi mereka makan dan minum. Di tempat yang ditempatkan tempat tidur di sudut ruang adalah seorang gadis berusia delapan tahun, dirawat di rumah sakit karena meningitis atau radan. Ibu dan kakak perempuannya merawat dia, di sudut lain ruangan itu adalah tempat tidur, dimana terbaring seorang pria yang sekarat. Pasien telah mengalami koma selama beberapa hari, tapi tidak ada yang tahu apa yang salah dengannya. Istrinya duduk di lantai dengan punggung menghadapnya, sementara anaknya duduk di kursi di ujung ranjang. Mereka hanya menunggunya mati. Tidak ada yang tahu apa yang harus dilakukan untuk membantu orang sakit itu.

Di rumah sakit juga seorang pemuda yang secara tidak sengaja memotong kakinya sendiri dengan kapak, dan juga seorang pria yang menderita penyakit paru-paru serius, serta beberapa pasien dengan penyakit serius lainnya.

Di antara penduduk asli Papua ada tingkat HIV dan AIDS yang tinggi, yang juga terjadi di daerah sekitar Angguruk. Pada tahun 2011, Departemen Kesehatan Pemerintah menguji 200 orang secara acak di Angguruk untuk HIV dan AIDS, dan 30 di antaranya positif. Namun, sebagian besar pasien AIDS hanya dirawat sementara di rumah sakit Angguruk sebelum dibawa ke Wamena atau Jayapura. Di Wamena sendiri, sebanyak 3.868 orang meninggal antara 2007 dan 2013 akibat AIDS. Di Papua begitu terpengaruh oleh AIDS, bahwa hal itu terkait dengan negara-negara yang terkena dampak paling parah di Afrika, dan beberapa organisasi hak asasi manusia telah menyuarakan kecurigaan bahwa Pemerintah Indonesia menggunakan HIV dan AIDS sebagai cara moderen untuk melakukan genosida.

Sehari setelah kunjungan ke rumah sakit, kami memutuskan untuk mendaki beberapa bukit kecil di sekitar gununug yang ada di daerah Angguruk. Ketika pertama saya datang saat saya muda, saya telah berjalan di pegunungan ini dan telah mengunjungi banyak kampung di daerah tersebut, namun karena adanya sendi di pergelangan kaki kiri saya dan telah ditanamkan pelat logam, sepuluh sekrup dan tulang orang lain. Sehinga saya tidak lagi bisa berjalan. Saya harus menggunakan tongkat dan paling banyak bisa bertahan 2-3 jam dengan kecepatan rendah di siang hari.

Keseimbangan saya sempat memburuk dan medan kasar di sekitar Angguruk membuat sulit untuk berjalan-jalan lebih banyak, terutama di tempat-tempat dimana telah terjadi longsor. Di beberapa tempat itu terlalu berbahaya untuk dilewati, jadi kami harus kembali. Tapi saya mendapat sedikit gagasan tentang seberapa besar masalah erosi dan tanah longsor di daerah itu, dan berapa banyak kerusakan yang dapat mereka timbulkan.

Sepanjang perjalanan kami mengunjungi beberapa kampung kecil yang rawan tanah longsor, tempat itu benar-benar berbahaya untuk dijalani, terutama saat pembukaan hutan untuk lahan pertanian di lereng bukit di atas kampung. Disepanjang gunung asap muncul karena membakar pohon dan ranting yang ditebang untuk membuka kebun baru dan tanahnya disiapkan untuk keladi dan dan ubi jalar.

Masa depan rakyat yang hidup di pegunungan ini mustahil menjalani hidupnya dengan mudah. Gereja Protestan besar yang baru dibangun di Angguruk setiap hari minggu dipenuhi umat, di mana mereka bernyanyi dan berdoa, termasuk berdoa untuk kemerdekaan. Disini sama dengan apa yang orang lain lakukan di bagian lain dari Papua, karena bagian ini memang topik yang menyangkut banyak orang di Papua.

Suatu siang, saat saya duduk sendirian di teras depan rumah tamu dan menulis beberapa tulisan di buku harian saya, saya mendapat kunjungan dari seorang pria yang kemudian ternyata adalah anak seorang kepala suku yang saya telah bertahun-tahun sebelumnya bertemu di desa Pasikni. Ayahnya sudah lama meninggal, tapi saat dia masih hidup dan mudah, dia pernah tinggal di Pasikni bersamaan dengan antropolog Amerika, Klaus-Friedrich Koch, yang setelah tinggal satu setengah tahun di desa tersebut menulis buku. "Perang dan perdamaian di Jalemo - Pengelolaan Konflik di Pegunungan Tengah Pulau New Guinea" (diterbitkan pada tahun 1974 oleh Harvard University). Ayahnya adalah salah satu pejuang yang ditampilkan dalam gambar di buku itu, dimana sekelompok pria dari kampung membawa seorang pria yang telah terbunuh dalam penyergapan menggunakan busur dan anak panah. Dilihat dari pakaiannya yang berwarna kamuflase, dia terlihat seperti pejuang kemerdekaan yang ternyata justru benar dugaan saya. Ketika saya mengatakan kepadanya bahwa saya mendukung "Papua Merdeka", dia tersenyum lebar dan keesokan harinya dia datang membawa sebuah hadiah untuk saya, yang terdiri dari sebuah kapak batu dan sepotong kayu yang diukir dan didekorasi dengan gaya tradisional Yali dengan desain yang rumit dengan warna merah, putih dan hitam. Motif atas pada kayu itu versi pengrajin Yali dari bendera Bintang Kejora. Saya sangat senang dengan hadiah yang saya terima yang sebenarnya tidak merasakan sedikit pun, karena saya hampir tidak dapat membayangkan bahwa ada orang yang mengaitkan potongan kayu dekoratif ini dengan bendera Bintang Kejora. Saya diberitahu bahwa gerakan kemerdekaan tersebut aktif di daerah Yalimo, dimana bendera Bintang Kejora sekitar 10 tahun lalu dikibarkan di Angguruk di hadapan ratusan prajurit Papua asal Yali yang dilengkapi busur dan anak panah. Beberapa kali selama saya tinggal di Angguruk, saya melihat bendera Bintang Kejora di noken atau hiasan di topi. Salah satu pemimpin perlawanan suku Yali, Sebby Sambom dipenjara pada 2008 karena ikut dalam demonstrasi damai di Jayapura untuk mendukung peluncuran IPWP (Parlemen Internasional untuk Papua Barat) di Inggris. Pada tahun 2009, Sebby Sambom dibebaskan, namun kemudian ditangkap kembali dan dipenjara beberapa tahun, saat dia mencoba naik pesawat terbang ke Jakarta untuk terbang ke Hong

Kong, dimana dia seharusnya menjadi yang pertama dan satu-satunya dari Suku Yali yang berpartisipasi dalam sebuah konferensi yang diselenggarakan oleh Asian Human Rights Commission. Menurut polisi, dia ditangkap karena dia memiliki bendera Bintang Kejora yang disembunyikan di tas laptopnya. Sebby Sambom membantah bahwa bendera itu bukan miliknya. Ia mengatakan bahwa bendera itu telah ditaru oleh agen intelijen setelah mereka menyita barang-barangnya.

Untuk sementara ini tidak ada personil polisi maupun militer Indonesia yang di siagakan di Angguruk, namun di belakang pasar di Angguruk, pemerintah setempat baru saja menyelesaikan pembangunan kantor polisi yang akan tempatkan dalam beberapa waktu kedepan. Bila itu terlaksana, maka akan terjadi lebih banyak perubahan di Angguruk, yang saat ini merupakan tempat yang aman dan damai.

Sejak kunjungan pertama saya di Angguruk pada 28 tahun yang lalu, telah terjadi banyak perubahan sehingga tidak mungkin saya memahami konsekuensi yang akan terjadi di masa yang akan datang. Tetapi jelas kesan saya bahwa terutama generasi muda menginginkan lebih banyak perubahan dan juga bahwa mereka ingin mengetahui dunia luar dari daerah mereka di pegunungan. Banyak anak muda bermimpi untuk menghindar dari isolasi dan kemiskinan di kampung-kampung terpencil yang kecil. Di sekolah saya bertemu beberapa siswa yang memiliki keinginan untuk mendapatkan pendidikan yang baik, dan ingin menjalani kehidupan di dunia modern.

Setelah sepuluh hari di Angguruk, saya naik pesawat kecil ke Wamena. Perjalanan kembali ke Lembah Balim melewati hutan rimba dan pegunungan seperti biasanya yang merupakan pengalaman luar biasa. Ini adalah ketujuh kalinya saya melakukan perjalanan dengan pesawat kecil – sekali saja saya berjalan kaki melintasi gunung.

Tarian kemenangan di Okika

Kembali ke Wamena, saya berbicara dengan beberapa pilot pesawat misi yang beroperasi di pegunungan tengah Papua. Mereka pernah mendengar tentang saya dan mengatakan bahwa mereka ingin membantu saya jika saya membutuhkannya.

Pada pagi hari, saya bertemu Wimmo dan pamannya yang menasihati saya untuk meninggalkan Papua sesegera mungkin, karena mereka telah mendengar desas-desus bahwa polisi telah mencari seorang pria kulit putih yang telah mendayung dengan perahu karet kuning di sungai Balim bagian Barat dari lembah, namun tidak ada indikasi bahwa polisi mengetahui nama saya atau informasi detail mengenai saya. Selain itu, perahu karet dan kotak biru yang saya bawa isikan alat-alat itu telah hilang. Tapi demi keselamatan saya, mereka menyarankan saya untuk segera kembali ke rumah dengan dokumen yang sudah ada, jika tidak, beresiko kehilangan semuanya, jika pihak intelijen mencurigai saya. Mereka bisa menemukan kartu memori kamera yang berisi foto di perahu, bendera Bintang Kejora, dan foto saat demonstrasi kecil bersama para pejuang Papua. Mereka bisa memenjarakan saya selama beberapa tahun jika itu betul terbukti.

Saat makan malam, saya menghubungi salah satu pilot misi yang sempat menelepon saya sebelumnya dan ia mengatakan bahwa saya bisa ikut berangkat dalam dua hari menggunakan pesawat kecil melalui salah satu pusat misi di pegunungan tengah, yang mana pesawat akan melanjutkan ke Sentani. Pertama, jika menggunakan pesawat kecil lebih simpel, karena harganya lebih murah, tetapi juga tidak menunggu lama di ruang tunggu untuk penerbangan umum seperti pesawat Trigana Air, dan berisiko dipantau oleh polisi dan intelijen. Karena memang disitu akan diprokteksi, mulai dari penumpang yang mendaftarkan semua yang masuk dan keluar dari bandara.

Setelah pertemuan lain dengan Wimmo dan pamannya, saya diberitahu bahwa keesokan harinya akan ada pembukaan resmi sebuah wilayah administratif pemerintahan baru yang akan diadakan di Jiwika, perjalanannya sekitar satu jam dari Wamena kota. Disana akan ada banyak polisi dan militer, tetapi jika saya berpura-pura menjadi turis biasa dan hanya untuk melihat "mumi " di kampung terdekat, bisa dilakukan. Hanya saja mereka meragukan bahwa saya bisa mandapatkan masalah dari polisi. Beberapa tahun sebelumnya saya perna melihat Mumi yang sedang merokok yang dikeringkan yang berusi 250 tahun.

Saya tidak punya rencana untuk melihat mumi lagi, tetapi sepertinya itu ide baik. Paman Wimmo tidak yakin bahwa pihak keamanan akan memperhatikan saya, karena mereka kemungkinan akan sibuk menjaga berlangsungnya kegiatan agar aman terkendali. Sementara di Papua, selama saya foto saya berhati-hati terhadap objek yang saya foto, sehingga saya hampir tidak perna memiliki masalah. Wimmo dan pamanya berpikir akan menarik bagi saya untuk menyaksikan peristiwa bersejarah ini, karena pendirian daerah baru merupakan salah satu perubahan baru yang dilakukan oleh kekuatan kolonial Indonesia dalam upaya untuk memperkuat kontrol terhadap Papua.

Sore hari Wimmo dan saya pergi agak jauh dari kota Wamena, dimana kami mengunjungi komunitas Yali di kompleks Maplima, yang mana saya bertemu dengan orang-orang dari Angguruk, karena saya telah berjanji akan menyampaikan salam buat mereka. Disini saya mendapat sedikit ide tentang kondisi yang dinanti masyarakat dari gunung yang pindah ke kota. Sebelumnya, komunitas pendatang baru seperti ini tidak ada di Wamena, tetapi sekarang ini merupakan fenomena yang berkembang pesat karena semakin banyak orang dari pegunungan termasuk suku Yali yang ingin pindah ke kota. Kemiskinan itu mencolok. Lokasi dimana komunitas kecil ini tinggal hampir bisa digambarkan sebagai kawasan yang kumuh. Tidak ada pekerjaan yang bisa didapat, jadi mereka tidak punya uang, tetapi harus berjuang hidup semampu mereka. Saya diundang ke beberapa gubuk kecil yang dibangun oleh berbagai jenis bahan yang ditemukan di sekitar tumpukan sampah di kota. Di salah satu gubuk dihuni oleh lima keluarga yang masing-masing memiliki sebuah bilik kecil berukuran 4-5 meter persegi, dimana tempat mereka tinggal sama seperti di balik pintu lemari.

Di malam hari, saya bertemu dengan Wimmo dan Elias di sebuah restoran dan kami duduk sendiri di sudut ruang kecil dan makan malam. Tentu saja hal ini bertanda saya ingin mengadakan pesta perpisahan yang tepat dengan lagu-lagu dengan gitar dan sedikit bebas, bendera Bintang Kejora di dinding dan poster dengan slogan untuk Free West Papua. Ada banyak hal yang membantu saya dalam perjalanan ini, dan tanpa mereka hal ini tidak mungkin terjadi. Saya ingin mengajak semua pejuang kemerdekaan dan juga Sulik, Selina, Jemina, Tebora, Ilyok di antara banyak lainnya, tapi sayangnya hanya dalam khayalan saya. Bahkan paman Wimmo pun tidak bisa berpartisipasi dalam acara perpisahan makan malam itu.

Keesokan paginya polisi dan militer di jalan-jalan. Saya melihat beberapa truk penuh dengan wanita dan anak-anak berpakaian tradisional, serta ratusan orang memegang tombak, busur dan anak panah, jalan menuju kota. Salah satu truk berhenti dan orang-orang melompat turun dari truk dan mulai berlari melewati jalan. Orang-orang itu berlari di depan diikuti oleh wanita dan anak-anak yang bernyanyi dan serta berteriak saat mereka ke arah dua kendaraan polisi besar yang diparkir menghalangi jalan. Beberapa orang menulis di pungung mereka "Okika" dengan huruf putih besar. Orang-orang Papua yang sedang berjalan tampaknya tidak terlalu peduli dengan polisi Indonesia, namun terus berlari menuruni jalan, dimana mereka melewati kendaraan polisi yang diparkir sementara sekelompok polisi bersenjata berdiri dan mengawasi.

Desain kamera kompak kecil yang saya meiliki memungkinkan saya bisa mengambil beberapa gambar tanpa menimbulkan kecurigaan. Saya tidak lama berada ditempat pelaksanaan kegiatan sebelum seorang polisi meminta saya untuk meninggalkan daerah tersebut ke hotel. Kemudian saya diberi tahu bahwa prosesi budaya Wamena biasanya dilakukan secara damai dan tidak ada yang ditangkap.

Sejam kemudian, saya bertemu dengan Wimmo dan pergi ke luar kota dengan bis mini umum, yang penuh dengan penumpang. Pada hari itu, banyak orang pergi ke Jiwika untuk menghadiri upacara pembentukan kabupaten baru "Okika". Banyak sekali masyarakat yang diangkut dengan truk yang kelebihan muatan ke lokasi kegiatan, dan saat kami tiba di Jiwika, orang-orang itu berkerumun dengan orang-orang lainnya yang datang dari tempat lain. Acara itu dipadati dengan manusia yang banyak warna yang ikut serta dalam demonstrasi budaya dan itu jelas bahwa mereka adalah orang-orang pribumi atau suku asli. Mereka adalah penduduk asli yang dikoloni Indonesia yang sedang dalam proses memecah-mecah wilayah administrasinya. Secara total ada sekitar 30 daerah yang direncanakan, yang banyak di antaranya sudah terbentuk dan dibagi menjadi distrik.

Setelah sampai di Jiwika, Wimmo dan saya berpura-pura tidak saling mengenal. Wimmo mengikutiku saya dari jauh, tetapi beberapa kali dia menghubungiku sebentar untuk mendengar apakah semuanya seperti sebelumnya dan dia menghilang ke kerumunan orang.

Satu-satunya turis lainnya adalah seorang wanita muda asal Jerman yang awalnya bermaksud untuk melihat "mumi" di lokasi yang berdekatan dengan pelaksanaan kegiatan. Dia adalah seorang trainer guru dan pernah menjalani praktek di satu sekolah di Jakarta, dan dia diberi libur tiga minggu. Dalam konteks ini, dia memutuskan untuk menghabiskan seminggu di Wamena karena dia ingin menyaksikan "orang dengan koteka", yang pernah dia baca di majalah. Setelah itu dia berencana pergi ke Bali dan bersantai selama seminggu sebelum dia kembali ke Jakarta. Hanya dia dan saya yang berkulit putih yang menghadiri upacara tersebut. Dia tidak tahu apa-apa tentang kabupaten baru dan terkejut dengan perubahan orang banyak, namun karena dia sangat tertarik dengan apa yang sedang terjadi, saya menyarankan kami pergi bersama, yang menurutnya adalah ide bagus. Dengan cara ini, saya sampai di tempat acara yang didampingi seorang wanita kulit putih, yang cocok buat saya untuk tetap aman dan terkesan seperti suami istri. Dengan demikian saya menghindari kecurigaan tersebut, walaupun mungkin satu-satunya pria kulit putih yang masih dicari polisi.

Orang-orang terus-menerus datang berpartisipasi dalam acara budaya yang akan berlangsung di lapangan terbuka itu. Orang-orang tiba dengan kelompok-kelompok dari masing-masing kampung dari daerah tempat mereka tinggal. Di depan orang berlarian, sementara diikuti oleh perempuan dan anak-anak dari belakang. Banyak pria berlari memegang tombak, busur dan anak panah, tidak terlihat seperti orang-orang dalam suasana pesta.

Lambat laun tempat itu dipenuhi manusia, pria, wanita, muda dan tua. Saya tidak tahu berapa banyak orang yang hadir, tapi pasti jumlahnya ribuan. Tiba-tiba semua orang yang hadir mulai bergerak dan seperti lautan tubuh manusia yang melonjak di segala tempat dan mulai berteriak dan berlari di tengah-tengah lokasi tempat orang-orang berdiri menari menandakan tradisi kemenangan yang merupakan penampilan budaya suku Dani. Semua orang sangat siap dan jelas banyak persiapan di balik semua hiasan di tubuh dan dekorasi lainnya ala budaya pegunungan tengah yang khas, yang antara lain terdiri dari bulu burung berwarna-warni, bulu cus-cus, kerang, taring babi di hidung dan tentu menggunakan pakaian tradisional.

Banyak wanita telah merajut noken mereka dengan warna Rastafarian, sementara yang lain membuat garis-garis dengan warna yang sama dengan bendera Bintang Kejora. Beberapa pria muda tidak berpakaian tradisional, tapi mengenakan kaos dan menutup kepala dengan warna merah, beberapa di antaranya tertulis "Merdeka", sementara yang lainnya mengenakan seragam kamuflase militer. Beberapa anggota di antara generasi muda memiliki rambut gimbal dan kalung panjang dengan taring babi yang tergantung di dada.

Setelah menari tarian kemenangan, orang-orang berkumpul dengan masing-masing kelompok dan duduk di sekitar tempat dansa. Sebagian besar pejuang kemerdekaan mengenakan kacamata hitam, sepertinya mereka tidak mau dikenali oleh banyak polisi dan tentara yang berdiri mengelilingi mereka di bawah bayang-bayang bangunan sambil mengawasi segala hal yang dilakukan setiap orang. Selain itu, beberapa wanita mengenakan kacamata hitam. Saya melihat banyak desain kacamata hitam yang cerdik disertakan dekorasi tradisional. Berbeda dengan keadaan sebelumnya selama pertemuan yang saya lakukan dengan pejuang kemerdekaan.

Tempat itu seharusnya dipenuhi dengan wartawan asing dan awak TV, karena ini adalah peristiwa bersejarah yang sangat pantas didokumentasikan untuk anak cucu. Tapi di Papua Barat, tidak ada akses untuk wartawan asing dan awak TV, jadi saya merasa sangat sendiri. Tentunya ada orang lain selain saya yang memotret, tetapi itu sebagian besar adalah intelijen polisi dan militer Indonesia. Keduanya ada yang berseragam dan berpakaian sipil. Ya jelas, mereka memotret untuk membuat daftar beberapa pemimpin dan pejuang kemerdekaan yang berada di antara kerumunan orang.

Suasana terasa tegang dan jelas kesan saya bahwa saat itu suasananya penuh dengan perasaan tidak nyaman. Dilihat dari ekspresi wajah mereka, tidak satu pun dari orang-orang Papua yang hadir tampaknya sangat senang dengan polisi dan militer yang jumlahnya banyak. Apa yang dipikirkan polisi dan tentara tentang situasi yang tidak saya ketahui, tapi sepertinya mereka merasa bebas dan merasa di rumah.

Di sekeliling tembok rumah ada pasukan keamanan yang siap beraksi. Di setiap jalan masuk duduk sekelompok tentara dan polisi yang bersenjata. Militer semakin muncul sehinga membuat saya sedikit bergetar hingga meneteskan keringat dingin di tulang belakang saya, dan saya selalu membayangkan beberapa video di YouTube yang mendokumentasikan kebrutalan pasukan keamanan Indonesia terhadap orang Papua. Namun upacara tersebut tidak berkembang menjadi situasi yang penuh kekerasan.

Selain jumlah orang Papua yang besar, ada petugas polisi, tentara termasuk mata-mata dari dinas intelijen, berbagai pejabat dan perwakilan Indonesia yang dikirim oleh pemerintah Jakarta, bersama keluarga dan tamu istimewa mereka duduk di bawah tenda. Disekitar lokasi dan tenda militer yang terpasang dihiasi simbol nasional dan bendera Indonesia yang berwarna merah putih.

Bertengger di pinggir jalan ada beberapa kendaraan polisi dan militer yang standby dan bisa dilihat sekilas diantara banyak tombak-tombak Dani. Selain peresmian "Kabupaten Okika", acara tersebut juga merupakan demonstrasi tekad yang jelas dan peringatan bahwa Papua Barat diduduki oleh kekuatan kolonial Indonesia.

Penduduk asli Papua tidak begitu menghargai pendirian daerah baru ini, karena mereka merasa terbagi-bagi dan terpinggirkan oleh kekuatan kolonial Indonesia. Selain itu, direncanakan kebun adat di kampung Jiwika akan diubah menjadi ibu kota Kabupaten Okika, maka lahan pertanian rakyat akan lebih kecil. Masyarakat belum siap menghadapi globalisasi tanpa keterampilan lain selain bertani. Seperti di kabupaten baru lainnya di wilayah pegunungan tengah Papua. Hal itu akan menimbulkan masalah sosial dan mengancam kehidupan mereka karena mereka sekali lagi akan terpinggirkan dari tanah mereka sendiri, karena semakin banyak orang Indonesia yang datang dan tinggal di lembah ini. Lebih jauh lagi, banyak yang menentang penggunaan nama "Okika" karena ini adalah nama budaya sakral yang menggambarkan struktur budaya Lembah Balim, khususnya untuk daerah Kurulu. Beberapa pemimpin budaya yang sudah tua mengatakan bahwa mereka menolak berdirinya kabupaten baru ini. Mereka tidak ingin kata "Okika" digunakan sebagai nama daerah baru, karena mereka yakin bisa mengungkapkan semua tempat suci di Kurulu yang mereka khawatirkan akan mengakibatkan kehancuran dan bencana.

Perwira polisi duduk di kursi dengan kacamata hitam dan sebatang tongkat, berpakaian seragam rapi. Dari sini dia memandang ke lokasi acara berlangsung, sehingga memungkinkan mengikuti semua hal yang sedang terjadi dalam acara itu. Selama acara resmi berlansung, pidato dibawakan oleh pimpinan dari perwakilan orang lokal Okika dan satunya lagi perwakilan pemerintah di Jakarta, yang sama sekali tidak memicu tepuk tangan dari ribuan orang yang hadir. Secara pribadi saya melihat dari kejauhan hanya satu orang yang ditangkap, dan dibawa pergi, tetapi tidak tahu alasan penangkapan orang itu. Orang-orang duduk dengan damai di sekiatr lokasi itu dan mendengarkan apa yang disampaikan, sementara bendera merah putih berkibar yang ditiupi angin di ujung tiang bendera.

Setelah berpidato, dilakukan juga pertunjukan tarian Papua Barat. Para penari tidak mengenakan warna bendera Indonesia, yang menjadi kebiasaan pada acara-acara resmi di seluruh Indonesia. Sebaliknya, salah satu kelompok mengenakan warna yang hampir semuanya tampak seperti darah, melakukan tarian di bawah bendera Indonesia. Dilihat dari tempat saya berdiri, badan yang berputar menyerupai orang dengan darah. Setelah pertunjukan ini, kepala perwakilan pemerintah meninggalkan upacara tersebut. Saya tidak temukan namanya dan identitas lengkapnya, namun dia dikelilingi polisi dan militer.

Meskipun saya cukup terlatih dalam syuting tanpa harus berhenti dan juga dilengkapi dengan kamera kecil yang memungkinkan pengambilan gambar dengan baik dari arah yang sama sekali berbeda, tetapi saya tidak yakin bahwa saya tidak ditemukan di sini. Setelah memotret wakil kepala pemerintah, saya didekati oleh dua orang Indonesia berpakaian rapi dengan kacamata hitam gelap yang diam-diam meminta saya untuk pergi dan tinggal di luar dari tempat acara. Jadi setelah itu saya memutuskan untuk tidak mengambil banyak foto terhadap orang-orang Indonesia yang hadir, namun segera bergegas mencari sebuah toilet tempat saya masuk dan menggantikan kartu memori dan menyimpan kartu lain di tempat yang aman, supaya jika saya diperiksa intelejen tidak kedapatan memori tersebut.

Di sorenya, kami memutuskan untuk tinggal di pinggiran lokasi acara, dimana orang berdiri atau duduk berkelompok di rumput dan bermain gitar buatan sendiri sambil bernyanyi. Setelah beberapa jam, wanita Jerman itu ke jalan dan hilang di antara minibus yang di parkir. Pada sore hari, setelah makan ubi manis dan gemuk babi yang dibakar batu, saya naik ke jalan dan mengikuti minibus yang penuh sesak ke Wamena kota. Cukup aneh, pria muda Indonesia yang berpakaian rapi, yang setelah saya keluar dari mobil di pusat kota mengikuti saya di sepanjang perjalanan kembali ke hotel tempat saya menginap, setelah itu dia menghilang.

Pagi hari ketika masih gelap gulita, saya diantar ke terminal pesawat misi dekat bandara Wamena, dimana saya bertemu dengan Wimmo dan Elias di ruang tunggu untuk mengucapkan selamat tinggal sebelum saya duduk di sebuah pesawat kecil yang menuju Sentani. Pertama, kami harus singgah di Nipsan, yang merupakan stasiun misi terpencil di wilayah suku Mek. Sepanjang jalan, kami terbang di atas pegunungan yang tertutup hutan rimba dengan lembah-lembah yang dalam, sungai-

sungai liar dan air terjun yang mengalir, terkadang kami juga melihat pondok-pondok kayu kecil yang dikelilingi ladang-ladang yang dibudidayakan.

Kami singah hanya setengah jam di Nipsan. Tempat itu jauh lebih kecil dari Angguruk, dan sepertinya tidak banyak yang tahu. Semua bangunan di sepanjang landasan terbang berbentuk persegi dan memiliki atap seng. Saya tidak melihat ada orang yang memakai koteka, setiap orang memakai pakaian. Di Nipson dua penumpang orang Papua turun dari pesawat, sementara seorang penumpang baru naik dalam pesawat bersama dengan seekor babi besar, yang ditempatkan di bagian belakang ruang kargo yang diikat dengan tongkat bambu.

Penerbangan selanjutnya ditandai dengan berbagai awan tertutup, hanya beberapa kali terbuka, sehingga kita bisa melihat hutan rimba, sungai yang berkelok-kelok melewati pemandangan hijau yang tak ada habisnya yang dari atas pesawat tampak seperti hamparan karpet yang tak ada akhirnya. Pilot telah memberi saya headphone sehingga kami bisa saling berkomunikasi dan mendengar apa yang diperbincangkan melalui radio. Dalam perjalanan ke Sentani, dia mengatakan kepada saya bahwa masih ada orang-orang yang tinggal di Papua Barat yang tidak pernah memiliki kontak dengan dunia luar. Dia menunjuk ke luar jendela pesawat dan mengatakan bahwa di hutan rimba yang tidak diketahui di bawah sana mungkin tinggal orang-orang yang masih hidup dalam budaya lama. Di Pulau New Guinea ada beberapa daerah terusan terbesar dari hutan rimba yang belum perna disentuh, dan ukurannya hanya dilampaui oleh daerah Amazon dan daerah di Kongo. Menurut organisasi Survival International, pada tahun 2014 ada sekitar 312 suku berbeda di Papua, termasuk sekitar 40 kelompok yang karena ukurannya yang besar dan medan yang hampir tidak dapat dilewati belum dijangkau – namun orang Papua Barat tidak tahu bahwa negeri mereka telah diduduki Indonesia.

Genosaid berlanjut

Segera setelah tiba di Sentani, tanggal keberangkatan saya di tiket berubah, sehingga saya segera terbang ke Jakarta. Saya menghabiskan beberapa hari di lapangan antara gedung pencakar langit dimana saya bisa menggunakan perahu karet, karena sebagian besar dari kota ini dibanjiri hujan deras. Dari situ saya melanjutkan perjalanan ke Eropa.

Setelah kembali ke rumah, saya menulis serangkaian artikel tentang beberapa pengalaman saya di Papua Barat, yang dengan gambar-gambarnya diterbitkan secara internasional dikampanyekan secara bebas di akun facebook *Free West Papua Campaign* selama beberapa bulan, bertepatan dengan pemilihan presiden di Indonesia yang banyak memberikan perhatian. Pilihannya adalah antara Gubernur DKI Jakarta, Joko Widodo, dan pengusaha dan miliarder, mantan jenderal, Prabowo Subianto yang antara lain dikenal karena berada dibelakang pelanggaran hak asasi manusia yang mengerikan di Timor Lorosa'e dan Papua. Pemilu diadakan pada tanggal 9 Juli 2014. Mantan Jenderal ultra-nasionalis Prabowo Subianto menerima 62,5 juta suara (46,85%), sementara Joko Widodo memperoleh 70,9 juta suara (53,15%), menjadikannya pemenang sebagai Presiden Indonesia.

Kurang dari sebulan setelah pemilihan presiden, dua wartawan Prancis, Thomas Dandois dan Valentine Bourrat ditangkap pada 6 Agustus di Wamena, setelah melakukan perjalanan ke bagian barat Lembah Balim, dimana mereka telah membuat rekaman untuk sebuah filem dokumenter mengenai gerakan kemerdekaan Papua untuk Saluran TV Franco-Jerman Arte. Beberapa hari kemudian paman Wimmo yang juga adalah paman saya di Wamena meninggal dunia karena penyakit yang tidak dapat dijelaskan yang diduga mulai terasa sakit parah di perut. Selama beberapa minggu berikutnya, berbagai orang Papua yang diduga terlibat dengan gerakan kemerdekaan ditangkap. Rekaman video Thomas Dandois dan Valentine Bourrat's yang tidak diedit disita oleh polisi dan kemudian mereka diancam 20 tahun penjara karena subversi, yang kemudian dituntut oleh jaksa penuntut untuk pelanggaran hukum imigrasi Indonesia yang memerlukan 5 tahun penjara dan sebuah Denda 40.000 dollar AS. Seluruh dunia diadakan demonstrasi di depan Kedutaan Besar Indonesia untuk membebaskan dua wartawan, sementara diplomat Prancis mengadakan pertemuan dengan pemerintah Indonesia di Jakarta.

Persidangan terhadap wartawan berlangsung pada 20 Oktober, hari yang sama Joko Widodo resmi menjadi Presiden Indonesia. Pada hari yang sama dengan pelantikan presiden, kedua wartawan tersebut dijatuhi hukuman denda sebesar 200 dollar AS dan kemudian dibebaskan setelah 2½ bulan dipenjara. Hingga hari ini, wartawan asing masih dibatasi ke Papua.

Pada tanggal 1 Desember 2016, tiga puluh tahun setelah kunjungan pertama saya ke Papua Barat, saya berdiri di Westminster Bridge di London, dimana saya berpartisipasi dalam demonstrasi untuk kemedekaan Papua Barat di samping parlemen Inggris dan kemudian di depan kedutaan Indonesia. Setelah demonstrasi saya pergi ke Oxford, dimana saya diundang untuk tinggal beberapa hari dengan pemimpin kemerdekaan Papua Barat, Benny Wenda dan istrinya Maria, yang tinggal di pengasingan di Inggris bersama enam anak mereka.

Waktu masih kecil, Benny Wenda sendiri menyaksikan kampungnya di bagian barat Lembah Balim di bom oleh pasukan pendudukan Indonesia, akibatnya banyak keluarganya terbunuh. Kemudian dia menjadi advokat secara damai untuk memperjuangkan kemerdekaan Papua Barat dan untuk itu dia ditangkap, disiksa dan diancam dengan kematian sebelum dia berhasil melarikan diri ke Inggris, dimana dia menerima suaka politik dan mendirikan suatau organisasi yang dinamakan Kampanye Kemerdekaan Papua Barat atau Free West Papua Campaign. Dia dinominasikan sebagai penerima Hadiah Nobel Perdamaian dan di Papua Barat dia dipandang sebagai pahlawan rakyat. Dia juga adalah juru bicara Organisasi payung bagi kemerdekaan Papua Barat yang diberi nama United Liberation Movement for West Papua (ULMWP).

Ketika saya bertemu Benny Wenda di Oxford, dia baru saja kembali dari sebuah perjalanan di Pasifik, dimana dia menghadiri pertemuan penting dengan para pemimpin dari berbagai negara untuk mendapatkan keanggotaan penuh dari Melanesian Spearhead Group (MSG), yang terdiri dari sejumlah negara kepulauan di Melanesia, dimana Papua Barat secara geografis, secara kultural dan etnis merupakan bagian dari Melanesia. Benny Wenda sangat optimis atas dukungan dari negara-negara Kepulauan Pasifik bahwa Papua Barat cepat atau lambat akan menerima kemerdekaan. Beberapa bulan sebelumnya, beberapa negara Pasifik telah mengajukan pertanyaan tentang tindakan kolonialisasi Indonesia, genosida dan tindakan brutal di Papua Barat untuk didengar di Perserikatan Bangsa-Bangsa dan kemudian di Pacific Island Forum (PIF).

Di Eropa, Australia, Selandia Baru dan tempat lain, dukungan juga meningkat dan semakin banyak demonstrasi untuk penentuan nasib sendiri bagi Papua Barat. Di beberapa kota besar di Indonesia, orang juga berdemonstrasi sebagai dukungan terhadap Papua. Sebuah demonstrasi di depan kantor Perserikatan Bangsa-Bangsa (PBB) di Jakarta oleh pendukung orang Indonesia yang menamakan diri Front Rakyat Indonesia untuk Papua Barat mendemostrasikan dukungan dengan berlutut dihadapan mahasiswa Papua dengan meminta maaf dan meminta pengampunan atas apa yang pemerintah dan militer Indonesia lakukan terhadap orang Papua.

Namun, terlepas dari banyaknya protes dan kesadaran internasional yang semakin meningkat, kekuatan kolonial Indonesia tetap berlanjut dengan serangan yang memalukan pada masyarakat adat Papua. Wartawan asing masih belum memiliki akses ke Papua Barat. Pembunuhan, penyiksaan, rasisme, korupsi dan tahanan politik masih merupakan bagian dari kehidupan sehari-hari orang Papua. Pada tahun 2016, lebih dari 5.000 orang Papua ditangkap hanya karena berpartisipasi dalam demonstrasi damai untuk kebebasan yang tidak pernah mereka alami selama pemerintahan Indonesia.

Pada tahun 2017, Kampanye Papua Merdeka atau Free West Papua mengundang saya ke Swiss, dimana saya berpartisipasi pada kesempatan bersejarah dengan tarian tradisional, nyanyian dan Tifa untuk mendukung pergerakan perjuangan Papua Merdeka dan enam perenang internasional yang berenang melewati danau Genewa selama 25 jam dan 69 kilometer. Kami kemudian berjalan melewati Genewa ke Markas Besar Perserikatan Bangsa-Bangsa (PBB) di Genewa dengan petisi 1.8 juta tandatangan dari populasi penduduk Papua Barat yang mendukung penentuan nasib sendiri untuk merdeka dari Indonesia. Kemudian, petisi tersebut diserahkan kepada Markas PBB di Genewa dan New York Amerika.

Sebelumnya, otoritas Indonesia melarang pengumpulan tandatangan petisi yang dilakukan di Papua Barat. Koneksi internet untuk beberapa bulan juga sempat diblokir sebagai upaya mencegah pengumpulan banyak tandatangan yang diselundupkan keluar Papua Barat. Beberapa orang memberikan tandatangan mereka dengan cap jempol dengan darah. Banyak yang mempertaruhkan nyawa mereka dan dipenjara, disiksa atau diserang secara brutal oleh nasionalis Indonesia.

Penandatangan mewakili lebih dari 70% dari warga pribumi yang menginginkan referendum atau jajak pendapat, tetapi untuk ke dunia luar Indonesia menolak permohonan tersebut karena dinilai sebagai tindakan publisitas dan penipuan tanpa kredibilitas serta berpendapat bahwa wilayah tersebut merupakan bagian yang tidak terpisahkan dari Indonesia.

Ketika Negara-negara Pasifik, seperti Solomon Islands dan Vanuatu disaat menyampaikan pidato resminya di Markas besar PBB untuk mendukung keinginan orang Papua Barat untuk referendum, namun Indonesia secara resmi merespons dengan mengancam akan menyiram air di wajah negara-negara kecil Pasifik yang berbicara tentang Papua Barat.

Tidak ada yang tahu tentang masa depan. Pada tahun 2018, kebrutalan rezim Indonesia akan terus berlanjut terhadap populasi penduduk pribumi Papua Barat.

"Rakyatku di Papua Barat sedang menderita, ratusan ribu orang telah dibunuh, diperkosa dan disiksa. Semua yang kami mau adalah hidup tanpa ketakutan dan kami menginginkan Papua Barat menjadi sebuah negara merdeka yang bebas."
- Benny Wenda, pemimpin kemerdekaan Papua Barat.

Masyarakat adat Papua Barat

Masyarakat adat Papua termasuk dalam ras Melanesia yang secara etnis dan budaya memiliki hubungan dengan masyarakat Papua Nugini dan Pulau Melanesia lainnya di Pasifik Barat.

Bagian Papua Barat didominasi oleh etnis Papua, sementara di kota daerah pesisir dihuni oleh kelompok etnis campuran, selain orang Papua juga mencakup banyak penduduk Indonesia dari Jawa, Sumatera, Sulawesi dan lainnya, dan keturunan campuran orang Papua penduduk Melanesia dan orang luar Papua (Peranakan).

Penduduk asli Papua berjumlah sekitar 1,8 juta orang dari sekitar 300 suku yang berbeda, yang mengandung beragam budaya, bahasa, gaya hidup, agama, seni dan sistem sosial yang berbeda-beda.

Daerah pegunungan bagian tengah Papua Barat adalah rumah bagi masyarakat pegunungan yang merupakan petani ubi jalar, keladi, dan termasuk beternak babi. Sementara masyarakat dataran rendah yang tinggal di daerah rawa dan pesisir hidup dengan berburu, memancing dan mengumpulkan belatung, akar, buah-buahan, dan sagu.

Daerah sekitar Teluk Cendrawasih dan sepanjang pantai utara Papua Barat dikenal sebagai daerah kelompok bahasa yang sangat kecil. Beberapa diantaranya hanya berjumlah 100 orang atau kurang dari itu. Beberapa dari banyak bahasa di Papua saling terkait antara satu sama lain, sedangkan yang lainnya unik. Variasi yang ekstrim dari bahasa yang berbeda karena kelompok suku yang berbeda menjalani kehidupannya sangat terisolasi hingga mereka berhubungan dengan dunia luar, yang dalam banyak kasus terjadi pada tahun-tahun setelah Perang Dunia II.

Beberapa orang yang tinggal di tempat yang paling terisolasi dan belum pernah berhubungan dengan dunia luar karena ukuran pulau dan medan yang hampir tidak dapat dilewati.

Di antara banyak suku yang berbeda di Papua adalah suku Dani, Yali, Asmat, Korowai dan Kombai, yang dijelaskan pada halaman berikut.

Dani

Suku Dani, yang kadang-kadang tergabung dengan suku Lani di bagian Barat, tinggal di Lembah Balim yang subur dan kaya. Di semua sisi dikelilingi pegunungan setinggi 2.500 - 3.000 meter. Penduduk Lembah ini telah berkebun setidaknya selama 9.000 tahun terakhir.

Suku Dani adalah salah satu suku yang paling terkenal dan terpadat di daerah pegunungan tengah dengan populasi sekitar 100.000 orang. "Ndani" adalah nama suku yang diberikan oleh suku Moni, orang tetangga Lembah Balim. Sekelompok kecil suku Dani yang tinggal di sebelah selatan gunung Puncak Trikora dan diwakili oleh suku Pesegem dan Horip pertama kali terhubung pada tanggal 29 Oktober 1909 saat Ekspedisi South New Guinea kedua yang dipimpin oleh Hendrikus Albertus Lorentz, yang tinggal beberapa malam di desa mereka. Kontak pertama dengan suku Dani dibagian barat terjadi pada bulan Oktober 1920 selama Ekspedisi New Guinea Tengah, dimana sekelompok penjelajah tinggal selama enam minggu di kampung-kampung di Lembah Swart River (sekarang Lembah Toli). Dani Grand Valley pertama kali diamati pada musim panas 1938 dari sebuah penerbangan oleh Richard Archbold. Kemudian lembah itu dijuluki "Shangri La".

Kampung Dani tersebar di sekitar lembah, di sepanjang tepi sungai dan di lereng bukit. Di kampung Dani secara tradisional ada tiga jenis pondok: Honai, Eweai dan Leseai. Leseai adalah rumah dapur seluas persegi panjang yang digunakan untuk pertemuan keluarga, duduk, berbicara, memasak dan makan. Honai dan Eweai adalah tempat atau pondok tidur. Honai diperuntukkan bagi pria, sedangkan Eweai diperuntukkan bagi wanita. Pria dan wanita bahkan pasangan suami-istri, tidur konvensional di rumah terpisah. Honai - rumah pria - adalah tempat yang menyimpan benda-benda suci, dilarang bagi wanita untuk masuk. Honai, Eweai dan Leseai membentuk Osilimo berpagar. Satu Osilimo dapat terdiri dari beberapa unit Honai, Eweai dan Leseai yang tinggal bersama keluarga mereka.

Seperti halnya suku-suku lain di Papua Barat, orang Dani memiliki budaya yang kaya dengan berbagai aspek dan tradisi tradisional yang sangat unik dan berbeda dari budaya Barat. Pakaian tradisional pria terdiri dari koteka, yang terbuat dari buah sejenis labu yang dikeringkan. Wanita yang sudah menikah memakai Yokal, rok yang terbuat dari anyaman kulit kayu, sedangkan rok yang dikenakan oleh wanita yang belum menikah disebut Sili yang terbuat dari kulit kayu dan daun lontar.

Agama tradisional bersifat animistik yang berhubungan dengan nenek moyang. Sebelumnya, tradisi yang berhubungan erat dengan wanita dengan seseorang yang telah mati dalam perang memotong dua segmen jari untuk menunjukkan kesedihan mereka saat upacara kremasi. Beberapa wanita yang lebih tua kehilangan hampir semua jari mereka. Pria sesekali memotong ujung telinganya, sebagai tanda pengorbanan dan kesedihan pribadi terhadap keluarga dekatnya yang dibunuh atau meninggal. Upacara penguburan dan upacara pernikahan diadakan pada interval di sekitar lembah, dianggap penting dan acara dengan mengorbankan sejumlah ekor babi oleh keluarga mempelai wanita dan mempelai pria.

Orang-orang suku Dani pada dasarnya adalah petani dan ubi merupakan tanaman yang penting. Saat berkebun jika dalam kelompok nyayian yang disebut Etawi selalu dinyanyikan dikebun, biasanya disertai dengan alat musik yang disebut Pikon, yang merupakan sejenis harpa Yahudi yang terbuat dari bambu jenis kecil yang berwarna hijau. Babi sangat penting pada pesta dan acara gabungan dan keberhasilan suatu pesta seringkali diukur dengan jumlah babi yang dikorbankan. Daging babi terlalu berharga untuk disajikan secara teratur, dan dimakan hanya pada acara-acara khusus dan besar. Orang Dani ketika memasak daging babi maupun ubi, keladi, lainnya dengan bakar batu.

Ritual peperangan antara kampung-kampung yang bersaingan dan klan sebelumnya merupakan bagian integral dari budaya tradisional Dani dimana pria menghabiskan banyak waktu untuk memproduksi senjatanya, seperti tombak, busur dan panah-panah. Mereka mengawasi kampung-kampung musuh dan siap berperang untuk mengobati luka-luka yang terjadi akibat matinya sejumlah orang dalam perang sebelumnya. Konflik juga biasanya pecah karena kasus perempuan dan pencurian babi. Tujuan utama pertempuran adalah untuk menjatuhkan musuh. Peperangan yang dilakukan orang Dani bisa dibandingkan dengan pertandingan klub sebuah sepak bola – ada peraturan dan regulasi yang tidak boleh dilakukan, ada hakim dan wasit dan ada pendukungnya, ada juga komponen artistik yang diungkapkan dalam peperangan Dani.

Diwaktu lalu, orang-orang Dani mengalami perubahan besar sebagai akibat penerbangan hutan, jalan, urbanisasi, kontak misionaris, pariwisata, globalisasi dan kekuatan kolonial yang menyertai penjajahan, genosida dan penindasan brutal yang dilakukan oleh Pemerintah Indonesia.

Yali

Jauh disana di pegunungan Jayawijaya yang curam di sebelah timur Lembah Balim, tinggallah suku Yali. Daerah ini dengan medannya yang bergelombang tak terlukiskan, dengan sungai-sungai menembus jurang yang sempit dan lembah yang curam. Pemandangan pegunungan yang spektakuler, sementara suku Yali tidak berhubungan dengan dunia luar hingga tahun 1960an dan 70an, ketika misionaris mulai memasuki daerah terpencil ini. Suku Yali memiliki kontak pertama pada tahun 1961, ketika misionaris Jerman Dr. Siegfried Zöllner dan misionaris Belanda Dr. Willem H. Vriend berjalan melewati pegunungan dari Wamena ke Yalimo dan memulai dengan mendirikan stasiun misi dan landasan udara di Anggruruk.

Nama Yali, yang juga bisa dibilang Jale atau Jali berasal dari kata Dani "Jale-mo" yang berarti "Tanah di bagian timur." Penduduknya didefinisikan oleh antropolog Klaus Friedrich Koch (1974) sebagai mereka yang "tinggal di sebelah timur Lembah Balim" yang memiliki tradisi budaya yang dalam banyak hal berbeda dengan suku Dani. Permukiman suku Yali terkonsentrasi di sekitar Lembah Seve, Yahuli dan Ovaxak, terletak di utara pegunungan tengah dan di Lembah Seng, sebelah selatan. Suku Yali memiliki bahasanya sendiri, yang sangat berbeda dengan suku Dani. Total populasi wilayah Yalimo adalah sekitar 30.000 orang.

Orang-orang di daerah Yalimo perawakannya sangat pendek. Orang-orang Yali secara resmi diakui sebagai Pigmi (orang kedril). Laki-laki dewasa tingginya kurang dari 150 cm (5 kaki), yang mungkin orang terpendek di daerah Papua Barat. Karakter khas suku Yali memakai rok "rotan". Roknya atau rotan yang melinkari tubuh sebagian terdiri dari sejumlah potongan terpisah dari rotan sekitar 5 mm, yang terhubung di beberapa tempat dan melilit tubuh, hampir terlihat seperti ban. Hasilnya adalah sejenis rok yang menutupi tubuh dari bawah dada dan sampai ke lutut. Bagian depan rotan ini didukung oleh sebuah koteka yang panjang yang dikaitkan dengan tali di sekeliling pinggang rok ini – orang Yali menyebutnya Saweap.

Struktur sosial tradisional orang Yali didominasi oleh laki-laki, dan kekayaan manusia diukur dengan jumlah babi dan istri yang dimilikinya. Sihir dan ilmu gaib secara tradisional memainkan peran yang sangat penting dalam budaya spiritual. Pakaian tradisional wanita terdiri dari rok yang terbuat dari rumput kecil dan ukurannya pendek yang terdiri dari empat lapisan. Lapisan pertama diberikan kepada anak perempuan sekitar usia empat tahun. Setelah itu sebuah lapisan ditambahkan setiap empat tahun, dan ketika jumlah lapisan mencapai empat berarti gadis itu sudah dewasa dan dia bisa menikah. Seperti pada awalnya bahwa diantara semua suku di Papua, payudara wanita tetap tidak tutupi oleh sehelai benang ataupun kulit kayu dan lainnya. Bagian dari pakaian wanita juga terdiri dari noken dari hasil tenun dari benang yang terbuat dari serat anggrek, akar pohon, kulit kayu. Noken ketika digunakan dari kepala ke bawah menutupi punggung, pantat.

Orang-orang tinggal secara tradisional di honai yang terbuat dari kayu dengan atap runcing yang dipenuhi tanaman kulit kayu, rumput dan daun palem. Honai dibangun di kampung-kampung di lereng bukit yang curam dan kampung-kampung yang terdiri dari satu honai adat atau honai pria yang dikelilingi oleh sekelompok honai keluarga yang lebih kecil. Wanita dan pria dewasa tinggal terpisah. Setiap kampung dikelilingi kebun sayuran individu dan keluarga. Suku Yali bertahan hidup oleh pertanian, terutama budidaya ubi jalar dan keladi, ditambah lagi dengan makanan yang diperoleh dengan berburu. Peternakan babi merupakan prioritas utama karena babi memainkan peran kunci dalam kehidupan sosial dan keagamaan. Selain penebangan hutan dan pembentukan kebun baru, pertumbuhan dan pemanenan sebagian besar diperuntukkan bagi perempuan, sementara pria menghabiskan banyak waktu untuk berburu, membangun rumah dan sering terlibat dalam perang. Budaya material didasarkan hampir secara eksklusif pada produk-produk dari hutan dan sampai tahun 1970-an, orang-orang Yali benar-benar bergantung pada alat-alat Zaman Batu.

Terlepas dari kenyataan bahwa pria dewasa jarang lebih tinggi dari 150 cm tingginya, namun prajurit Yali sangat ditakuti oleh musuh mereka. Ketakutan mencapai sedemikian rupa sehingga orang-orang dari kampung tetangga tidak dapat saling mengunjungi, sehingga bahasa setiap lembah berkembang dengan cara yang berbeda. Perbedaan linguistik sangat mencolok sehingga orang-orang dari suku Yali bahkan mengklaim bahwa suku-suku tetangga tidak saling mengerti. Alasan mengapa para prajurit Yali begitu ketakutan dapat terlihat mengingat fakta bahwa mereka benar-benar melahap musuh mereka, memakannya sebagai demonstrasi paling penuh kebencian dan balas dendam. Meskipun orang Yali sebelumnya mempraktekkan kanibalisme, orang-orang di daerah umumnya sangat ramah hingga hari ini.

Dalam beberapa dekade terakhir perubahan besar telah terjadi pada cara hidup orang Yali. Banyak hal telah berubah karena pengaruh misionaris Kristen dan pendudukan Indonesia. Selain itu, telah ditemukan emas di beberapa tempat di pegunungan Jayawijaya dimana ada rencana untuk pertambangan yang dapat mengancam suku Yali dan budaya dan masa depan suku KimYal dan Mek.

Asmat

Suku Asmat mendiami area yang dikelilingi oleh dataran rendah rawa air tawar, rawa yang dangkal dan hutan bakau. Daerah ini berada dibagian pantai Selatan Pulau Papua yang berbatasan dengan Laut Arafura. Populasi Suku Asmat diestimasi kurang lebih 70,000 orang di area yang melingkup kira-kira 18.000 km2.

Hingga tahun 1950, wilayah Suku Asmat perna diisolasi sebagai daerah terpencil. Samping itu, Suku Asmat memiliki reputasi sebagai kanibal dan pemahat dan juga sebagaiman begitu tak terganggu. Pertama kali pos daerah terpencil didirikan di Agats tahun 1938, tetapi sempat ditutup lagi tahun 1942 karena perang dunia II. Waktu itu hanya beberapa orang misionaris yang membangun kembali pos diluar kota tahun 1953 dan ada beberapa interaksi aktual yang dimulai dengan orang Asmat.

Asmat merupakan nama lain untuk kayu dan juga merupakan nama dari orang Asmat itu sendiri, karena orang Asmat secara tradisional percaya bahwa manusia diciptakan darinya. Istilah "Asmat" juga mengacu pada daerah tempat mereka tinggal. Klasifikasi linguistik bahasa suku Asmat bermasalah tapi umumnya bahasa daerah dicirikan sebagai kelompok dialek yang terkait erat. Di wilayah suku Asmat ada dua belas sub kelompok etnis yang berbeda dengan afiliasi linguistik dan budaya bersama. Kelompok-kelompok ini berbicara tentang lima dialek.

Hutan, sungai dan laut telah menjadi faktor utama yang mempengaruhi Asmat, karena budaya dan cara hidupnya sangat bergantung pada sumber daya kaya yang ditemukan di lingkungan alami mereka.

Asmat terutama mengandalkan pati dari pohon sagu, permainan hutan, ikan, dan barang-barang lainnya yang dikumpulkan dari perairan dan hutan mereka. Pohon Sagu dikenal sebagai "pohon kehidupan" dan mengandung tepung yang dapat dimakan, yang merupakan sumber makanan utama bagi orang Asmat. Ukiran kayu merupakan bagian penting dari budaya Asmat.

Asmat memiliki salah satu tradisi ukiran kayu yang paling luar biasa dan terkenal di Pasifik. Seni mereka sangat berharga dan populer di kalangan kolektor di seluruh dunia. Secara tradisional sering dirancang untuk menghormati leluhur. Sebagian besar seni Asmat adalah dua dimensi, bersamaan dengan tonjolan besar dan angka bulat, hanya warna merah, hitam dan putih yang digunakan untuk hiasan. Topeng adalah bentuk karya seni yang terkenal dalam budaya Asmat. Ada dua jenis topeng untuk Asmat, satu mewakili masyarakat, yang lain mewakili kesuburan dan nenek moyang. Drumming juga merupakan bagian penting dari budaya Asmat dan musik sederhana dimainkan di drum selama acara atau festival.

Rumah mereka adalah rumah panggung karena hampir setiap hari ada banjir dan air yang mudah menyebar di perkampungan. Tempat tinggal orang Asmat di kampung-kampung dibagi menjadi dua bagian, pertama tempat tinggal dengan rumah seremonial yang besar yang disebut yeu. Yeu harus selalu menghadap air dan sangat penting dalam budaya Asmat karena upacara dan festival berlangsung di dalamnya. Wanita hanya diperbolehkan di yeu pada acara-acara khusus. Seperti banyak suku Papua lainnya, orang Asmat secara tradisional mempraktikkan poligami dengan menikahi lebih dari satu wanita.

Sebelum para misionaris berhasil mengubah Asmat, kanibalisme dan berburu kepala menjadi kebiasaan di wilayah ini. Di masa lalu kepala keluarga mengumpulkan otak musuh dan dengan penuh kemenangan memakannya. Tindakan ini memiliki makna yang dalam dan merupakan bagian penting dari budaya dan kepercayaan mereka. Simbolisme dalam selalu disertai upacara makan otak musuh. Pada hari-hari ketika Asmat sebagai kanibal, sebuah mangkuk yang melambangkan vagina wanita digunakan untuk mengumpulkan otak. Dengan kapak batu, sebuah lubang akan dibuat di bait tengkorak segar; Kemudian otaknya diangkat dan ditempatkan di mangkuk. Simbolisme seksual datang bersamaan dengan otak yang mewakili sperma di vagina wanita. Ada inisiasi lain yang menunjukkan makna tengkorak manusia di antara budaya Asmat. Begitu tengkorak segar diperoleh, dicat dengan oker, abu, dan kapur. Dekorasi dibuat di tengkorak dan kemudian diletakkan di antara kaki-kaki inisiat. Para inisiat harus menatap tengkorak tersebut selama dua atau tiga hari, sampai seluruh desa berkumpul untuk menyaksikan peristiwa tersebut. Penduduk desa menghiasi diri mereka dan sampan mereka dan rekan inisiat berdiri di sampan keluarganya sambil memegangi tongkat, menggambarkan dirinya sebagai orang tua. Saat drum dimulai, sampan mulai mendayung menyusuri sungai, dan inisiat dilemparkan ke dalam air bersama tengkoraknya. Setelah berhasil pulih, dia menanggalkan pakaian, dan tengkorak itu miliknya untuk disimpan dan digunakan sebagai bantal.

Bahkan saat ini, Asmat relatif terisolasi dan beberapa tradisi budaya mereka masih kuat, meskipun interaksi mereka dengan dunia luar meningkat dalam beberapa tahun terakhir dan keanekaragaman hayati daerah mereka mendapat tekanan dari deforestasi, penangkapan ikan dan transmigrasi Indonesia. Seperti suku-suku lain di Papua Barat, Asmat berjuang untuk mempertahankan tradisi budaya dan cara hidup mereka dalam menghadapi tekanan dari pendudukan Indonesia.

Kombai dan Korowai

Korowai dan Kombai terletak di lembah Sungai Brazza yang luas yang tidak terjangkau dan berawa yang terletak di kaki pegunungan Jayawijaya, yang berada di bagian selatan Papua Barat. Menurut perkiraan, ada sekitar 2.500 dan 4.000 orang Korowai dan sekitar 5.000 Kombais. Kedua suku tersebut agak terkait dengan orang Asmat, walaupun bahasa mereka sangat berbeda, termasuk budaya mereka banyak perbedaan.

Kombais dan Korowais dikenal sebagai arsitek besar rumah-rumah yang tinggi di pepohonan. Rumah khas dibangun sekitar 8 sampai 12 meter di atas permukaan tanah. Tapi di daerah tertentu, beberapa rumah dibangun setinggi 40 meter di atas tanah. Nyamuk, roh jahat, dan persaingan dengan suku tetangga memaksa mereka membangun rumah di puncak pohon. Kedua suku tersebut lebih memilih tinggal di permukiman kecil yang tidak lebih dari tiga sampai lima rumah.

Untuk membangun rumah pohon, pohon Beringin yang tangguh dipilih dengan cermat untuk berfungsi sebagai tiang utama. Bagian atas pohon dilepas dan kemudian rangka lantai terbuat dari cabang yang didukung oleh sejumlah tiang lainnya. Bingkai rumah terdiri dari cabang yang diikat dengan ikatan rotan. Kulit pohon sagu digunakan untuk lantai dan dinding dan atapnya terbuat dari dedaunan. Batang pohon dengan takik seperti tangga diikat di dasar konstruksi agar bisa sampai ke rumah. Biasanya pernikahan merupakan kesempatan yang cocok untuk membangun rumah keluarga baru. Sebelum penduduk pindah ke rumah baru, mereka melakukan ritual sederhana di malam hari, dimana mereka memukul dinding untuk menakut-nakuti roh jahat dengan sepotong kayu.

Korowai adalah salah satu suku di Papua Barat yang tidak memakai koteka. Pria Korowai memasukan penis mereka ke skrotum, dan kulit penis yang menempel sangat erat dengan daun hijau. Suku Korowai menggunakan semacam kulit kacang (nutshells). Ketika sampai di Kombais, para pria mengenakan paruh dari seekor burung besar, bukan sebuah koteka dengan penis mereka. Sedangkan wanita menggunakan rok pendek yang terbuat dari kulit pohon sagu.

Korowais dan Kombais adalah pemburu-pengumpul dan membagi semua yang mereka hasilkan dan miliki terhadap sesama. Setiap keluarga memiliki kebun sendiri di dekat rumah pohon, dimana mereka menanam ubi jalar dan sayuran, serta tembakau. Mereka juga mengumpulkan sayuran yang dapat dimakan dan berbagai buah musiman di hutan. Makanan pokok terdiri dari sagu dan pisang. Satu rumah tangga mengkonsumsi satu pohon sagu per-minggu. Setelah batang Sagu yang berserat ditebang dan dibelah oleh para pria, jantung sagu direndam dan dipukuli atau diremas oleh wanita untuk menghasilkan zat makanan seperti tepung yang disebut Sagu. Mereka juga mengumpulkan larva dari pohon sagu, yang dianggap sebagai kelezatan dan yang menyediakan protein vital.

Satu-satunya hewan peliharaan mereka adalah anjing dan babi. Babi memiliki nilai sosial yang penting dan hanya dimakan selama ritual dan acara khusus lainnya. Anjing penting untuk berburu dan giginya dianggap sangat berharga untuk kalung. Perburuan dilakukan dengan busur dan panah, jebakan dan jubah juga digunakan, terutama untuk burung kasuari besar yang tidak dapat terbang. Perangkap seperti keranjang digunakan untuk memancing di bendungan buatan, namun tanaman dan busur beracun dan panah juga penting untuk memancing.

Orang-orang jarang meletakkan busur dan panah mereka karena perang dengan suku tetangga mereka yang menjadi bagian dari kebiasaan. Kepala beberapa anak panah terbuat dari tulang, panah bertulang tulang ini hanya untuk orang-orang. Konflik antar kelompok dapat disebabkan oleh pencurian, perzinahan, pembunuhan, persaingan dan isu lama yang disebabkan oleh sihir. Korowai dan Kombai dulunya adalah suku kanibalistik dan beberapa orang yang sangat terisolasi masih percaya untuk mempraktekkan kanibalisme.

Secara tradisional suku Kombai dan Korowai percaya bahwa alam semesta dipenuhi dengan makhluk spiritual yang berbahaya dan semangat nenek moyang mereka memainkan peran penting dalam kepercayaan ini. Beberapa wanita dikatakan memiliki pengetahuan tentang penyembuhan dan ramalan magis, sementara beberapa pria, yang dikenal sebagai khakhua (penyihir), ditakuti karena mereka memiliki pengetahuan khusus tentang cara magis yang dapat merusak lokasi, objek dan manusia.

Suku Korowai dan Kombai adalah beberapa suku di Papua yang baru-baru ini terjadi kontak dengan orang di luar Suku Korowai dan Kombai. Hanya klan yang tinggal dekat dengan stasiun misi, pos terdepan pemerintah dan desa-desa yang lebih besar telah melepaskan adat istiadat tradisional mereka, kedepan perubahan besar dan cepat akan segera terjadi. Pola hidup adat Korowai dan Kombai tidak terancam hanya oleh perubahan sosial, namun juga oleh kekuatan Negara kolonial Indonesia yang terus melakukan penebangannya hutan rimbah di daerah ini.

Cenderawasih

Ada sebuah legenda di Papua yang bercerita tentang Burung Cendrawasih. Ceritanya menceritakan bahwa suatu saat di masa lalu, ada seorang ibu yang kehilangan anaknya. Jiwa sedihnya memanggil anaknya, menangis dan sekarat. Dan kemudian jiwanya berubah menjadi burung yang indah dan terbang ke angkasa.

Cerita tentang manusia yang berubah menjadi hewan biasa terjadi pada kepercayaan tradisional Pasifik. Secara tradisional banyak orang Papua percaya bahwa di dunia ini ada kekuatan alami yang disebut Imunu (juga dikenal sebagai Mana). Pada dasarnya Imunu ada di setiap objek di dunia ini, hidup atau mati, termasuk manusia dan hewan. Terkadang ada beberapa orang yang memiliki kelebihan istimewa sehingga Imunu mereka telah aktif sejak mereka lahir. Tapi kadang-kadang Imunu mungkin diaktifkan karena suatu peristiwa atau perubahan dalam fase kehidupan.

Suara dan nyayian Burung Cendrawasih yang indah masih bisa didengar di hutan terpencil di pulau New Guinea, dimana merupakan simbol nasional. (Foto burung itu diambil di taman burung, bukan di alam liar).

Tentara Indonesia dari Batalyon 753 berfoto dengan seorang pria yang dia tembak dari suku Lani. Foto tersebut diambil pada 27 November 2010 oleh salah seorang prajurit TNI yang ikut dalam pembunuhan warga sipil, Wendiman Wonda, berusia 44 tahun dari kampung Yammo, Mulia - Puncak Jaya, Papua Barat. Selanjutnya, gambar tersebut tersebar di internet dan dibagikan di YouTube, Facebook dan media lainnya. Internet menyediakan ratusan foto dan video yang mendokumentasikan pelanggaran hak asasi manusia yang keterlaluan di Papua Barat. Lebih dari 500.000 penduduk asli diperkirakan terbunuh oleh polisi dan militer Indonesia yang disebut Genosida di Papua, yang bertahan selama lebih dari 50 tahun.

Kedua foto ini diambil di bagian kota Wamena yang sama persis di Papua Barat, hanya tiga dekade terpisah satu sama lain. Kedua gambar tersebut diambil dari ujung utara jalan yang kini bernama Jl. Trikora di Wamena. Foto atas adalah dari tahun 1986. Foto paling bawah adalah dari tahun 2014.

Bibliografi

Bahasa Inggris

Peter Matthiessen: "Under the Mountain Wall", 1962.

Klaus-Friedrich Koch: War and Peace in Jalémó – The Management of Conflict in Highland New Guinea. Harvard University Press, USA, Cambridge, Massachusetts, 1974.

Don Ricardson: Lords of the Earth. Regal Books, USA, California, 1977.

Robert Mitton: The Lost World of Irian Jaya. Oxford University Press, Australia, Melbourne, 1983.

Robin Osborne: Indonesia´s Secret War – The Guerilla Struggle in Irian Jaya. Allen & Unwin, Australia, Sydney, 1985.

Carmel Budiardjo and Liem Soei Liong: West Papua - The Obliteration of a People. Tapol, England, 1988.

George Monbiot: Poisoned Arrows – An Investigative Journey through Indonesia. Michael Joseph, England, London, 1989/2003.

Daniel Start: The Open Cage - Ordeal of the Irian Jaya Hostages, 1997.

John Saltford: The United Nations and the Indonesian Takeover of West Papua, 2002.

Pieter Drooglever: An Act of Free Choice – Decolonisation and the Right to Self-Determination in West Papua, 2009.

Eben Kirksey: Freedom In Entangled Worlds, 2012.

Bonnie Etheringtong: The Earth Cries Out, 2017.

Laporan

Bahasa Inggris

John Wing and Peter King: "Genocide in West Papua?" / University of Sydney, Centre for Peace and Conflict Studies, 2005.

Human Rights Watch Report 2007: Endemic Abuse and Impunity in Papua's Central Highlands.

Human Rights Watch Report 2007: Protest and Punishment - Political Prisoners in Papua.

Amnesty International: Papua Digest. Briefing on West Papua, UK, London, 2010.

Asian Human Rights Commission Report 2010/2011: Human Rights in Papua.

Dr Jim Elmslie and Dr Camellia Webb-Gannon: A Slow-Motion Genocide - Indonesian Rule in West Papua. Griffith Journal of Law and Human Dignity, 2013.

UK-based NGO, Tapol, Report 2012: "No political prisoners? The suppression of political protests in West Papua".

Asian Human Rights Commission Report 2013: "The Neglected Genocide - Human rights abuses against Papuans in the Central Highlands, 1977 – 1978".

Fransiscans International: "Human rights in West Papua 2013" (A voice at the United Nations).

Film

Bahasa Inggris

Ada banyak film tentang Papua Barat di YouTube.

Berikut adalah beberapa hal:

"Rebels of the Forgotten World" (1991), "The Biak Massacre" (1998),

"Freedom for West Papua" (1999), "Blood on the Cross" (1999),

"Papua Merdeka" (2002),"Land of the Morning Star" (2004),

 "West Papua – The Secret War in Asia" (2007),

"The Tears of Mother Mooi" (Mooi Sorong Moi)" (2007),

"Forgotten Bird of Paradise" (2009),

"Strange Birds In Paradise – A West Papuan Story" (2010),

"The killing of Yawan Wayeni" (2010), "Pride of Warriors" (2010),

"West Papua – A Journey to Freedom" (2011),

"The Third Papuan People's Congress" (2011),

"Mama Malind su Hilang" (Our Land Has Gone)" (2012),

"Benny Wenda – Oslo Freedom Forum" (2012),

 "Jennifer Robinson & Benny Wenda – TEDx Sydney" (2013),

"Gods behind Mountains" (2014), "The Road To Home" (2014).

Internet

Ada banyak situs dan halaman di Facebook, dll tentang Papua Barat.

Berikut beberapa hal:

Website:

Www.freewestpapua.org

www.bennywenda.org

Facebook:

PAPUA BLOOD (Lihat foto-foto terkait dengan buku ini)

Free West Papua Campaign

Kampanye Kemerdekaan Papua Barat

Negara West Papua

West Papua Media Alerts

Peter Bang - Lahir di Denmark 1957. Dosen dan penulis setengah lusin buku yang diterbitkan di Denmark, termasuk agen perjalanan dan penulis buku foto dokumenter tentang masyarakat adat atau pribumi. Selain berbagai artikel yang telah ditulis, juga dalam pameran fotografi dan publikasi, termasuk publikasi untuk PBB Masyarakat Adat Internasional tahun 1993. Perjalanan dan kehidupan sehari-hari di Asia, Afrika, Amerika Utara, Greenland dan Pasifik. Mantan anggota FIJET, Federasi Wartawan dan Penulis Perjalanan Internasional.